静岡発
人を大切にするいい会社見つけました

人も、会社も、より良く変われる!!

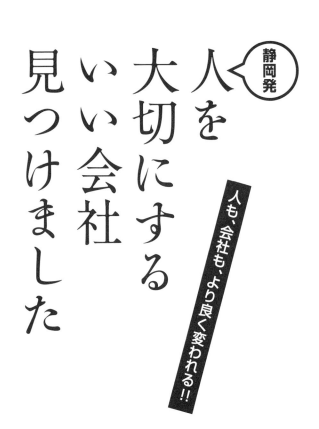

静岡発

人を大切にする いい会社 見つけました

人も、会社も、より良く変われる!!

目次

誰もがいい人生を送るために「人も、会社も、より良く変われる」

人生を充実させるためには

皆さんは、充実した人生を送りたいと思っているはずです。しかし、なかなか難しいのはなぜなのでしょうか。人生が充実していないと感じる方が実に多いのです。

人生を充実させるためには、働くことに関してもっと前向きに考える必要があるでしょう。なぜならば、学校を卒業した後の人生は、なんと8割近くが働く期間だからです。

仕事をしている期間の長さは、学校を卒業して65歳で定年するまで40～50年あるのです。

充実した人生を送るためには、この働く期間を充実させることが不可欠です。

働く期間を充実させるためには、次の2点が重要です。

一、いい会社で働くこと

二、いい働き方をすること

一つめの「いい会社で働く」とは、「人を大切にする経営」を実践している会社で働くことです。求職されている方は、そういった会社を見つけて就職するべきです。また、今働いている方は、今の会社を「人を大切にするいい会社」に変えていくことがとても大切です。

いくら利益を上げ、有名な会社であっても、人を大切にしていなければいい会社とは言えません。世の中にはまだまだそのような会社が目立ちます。企業規模の大小や有名無名でいい会社かどうかを判断するべきではないのです。

いい会社の条件は、人を大切にする経営を実践していることが最重要項目です。そして人を大切にする経営を実践している会社は正しい利益が常に出ています。

二つめの、「いい働き方をする」とは、「人に褒められ、必要とされ、役に立つ仕事を日々すること」です。

それらが感じられることで真のやりがいが得られます。

そのために、誰かからの指示を常に待っているのではなく、自ら率先して自分の能力・魅力を最大限に発揮するよう努めること、常により良く変わろうとすることが求められます。

いい働き方をすることとは、決して楽をすることではないのです。面倒なことに取り組みながらも、その先にあるやりがいや楽しさを得ることが働く醍醐味なのです。

その積み重ねが人生を充実させるのです。

会社・企業のそもそも

「世の中の７割の企業が赤字です」というと驚かれると思います。

国税庁の会社標本調査によると、赤字企業（欠損法人）の割合は２００９～２０１４年の５年間において７割前後で推移しています。赤字の企業がいい会社であるとは言えませんし、そこで働く社員も幸せなはずはありません。それだけ世の中には厳しい会社が

概要

中小企業基本法第十一条に基づく年次報告書（法定白書）。

毎年、中小企業政策審議会の意見を聴いた上で、中小企業の動向に関する報告を国会に提出することが義務付けられている。

中小企業基本法の制定以降、2016年版で53回目の年次報告。

中小企業基本法（抄）

（年次報告等）

第十一条　政府は、毎年、国会に、中小企業の動向及び政府が中小企業に関して講じた施策に関する報告を提出しなければならない。

２政府は、毎年、中小企業政策審議会の意見を聴いて、前項の報告に係る中小企業の動向を考慮して講じようとする施策を明らかにした文書を作成し、これを国会に提出しなければならない。

中小企業基本法の定義と企業数、従業者数

	中小企業		うち小規模事業者
業種	資本金　または	従業員	従業員
製造業その他	3億円以下	300人以下	20人以下
卸売業	1億円以下	100人以下	5人以下
サービス業	5,000万円以下	100人以下	5人以下
小売業	5,000万円以下	50人以下	5人以下

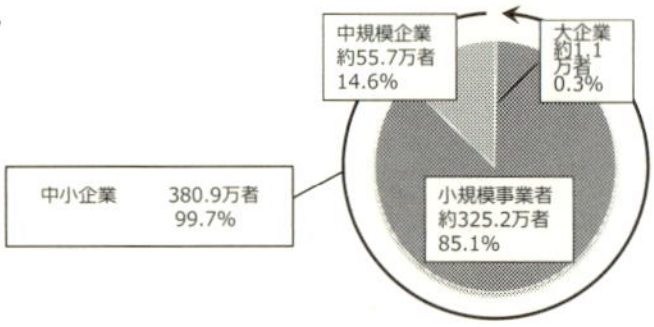

	企業数	従業者数
大企業	1.1万者	1,433万人
中小企業	380.9万者	3,361万人
うち小規模事業者	325.2万者	1,127万人

（資料）「平成26年経済センサス－基礎調査」再編加工

多いのです。

では、会社とは一体どのくらいの数があるのでしょうか（「会社」と「企業」はほぼ同義ですが、個人商店も含まれる「企業」のほうが広い概念です）。

２０１６年度の中小企業白書によるとわが国にはおよそ３８２万社の企業があります。それらのうち、大手企業は1万１０００社、中小企業は３８０万９０００社です。わが国において中小企業の割合は、実に９９．７％を占めているのです。

また、中小企業で働く人の割合は約7割です。地域の産業を支えるのも、雇用を創出しているのも中小企業であることがわかります。

大手企業が必ずしもいい会社ではない

誰もがいい会社で働きたいと思っています。特にこれから就職活動をしようとする学生さんや若年者の皆さんは、そのためにはどうしたらいいか考えていると思います。安定志向、大手志向である学生さんも多いことでしょう。

わが国において大手企業の割合は０．３％、中小企業は９９．７％を占めます。大手志向の方はすべての会社のわずか０．３％の大手企業に入社しようとしているのです。確率からすれば、相当の難易度です。

残念なのは、それほどの難関を突破しても、入社した会社が必ずしも「人を大切にするいい会社」とは限らないことです。そうでなければ、昨今の悲惨な事件は起こらないはずなのです。大手企業に対して「働き方改革」が求められることはないはずです。

大切なのは、あなたのことを大切にしてくれるいい会社を見つけて入社することです。あなたがやりがいを感じられる仕事ができる会社に入社することです。結論を言えば、中小企業でも人を大切にするいい会社がたくさんあります。大手企業に勝るとも劣らないやりがいと待遇を感じられる会社が確実に存在するのです。

そのようないい会社が皆さんの身近なところ、つまり静岡県にあるのです。

静岡には人を大切にするいい会社がある

有名な会社が必ずしもいい会社ではない

残念ながら、静岡県は若年者の県外流出はワーストに近い存在です。その要因の一つは「静岡には有名な会社が少ないから、いい会社も少ない」とイメージで捉えてしまっているからだと思います。

ここで申し上げたいことは、「有名な会社が必ずしもいい会社とは限らない」ということです。これまで就職が内定した学生の親御さんから「その会社の名前を聞いたことがないため」という理由で断りを入れてきたケースを幾度となく見てきました。

断りを入れた会社の中には「人を大切にするいい会社」も含まれています。知らないだけでいい会社に入社するチャンスを不意にしているのです。なんと勿体ないことでしょうか。ぜひとも「知られていなくてもいい会社がたくさんある」という現実を受け入れてほしいと思います。

有名な会社でもブラック企業があるように、有名でなくてもホワイト企業はあるのです。知っている会社の多くはテレビコマーシャルなどの広告宣伝費を莫大にかけている会社がほとんどです。それゆえ、有名であっても「人を大切にしない会社」も多く存在するのです。「知っているかいないか、聞いたことがあるかないか」で企業の良し悪しを判断することから一歩進んでほしいと思います。

静岡県にはチャンスがある

静岡県の事業所数は18万5519事業所、従業者数は185万7811人です

（平成26年度経済センサスの概要）。全国順位は事業所数、従業者数ともに第10位です。

就職活動される学生さんや若年者の皆さんは、静岡県には大きなチャンスがあると思っていただきたいのです。果たしてこの中にどれだけ人を大切にするいい会社があるのか正確な数字はわかりません。しかし、確実に存在します。

例えば、『日本でいちばん大切にしたい会社大賞』の中小企業庁長官賞を受賞された「沢根スプリング」「日本ロック」「コーケン工業」、テレビ東京『カンブリア宮殿』でも紹介された「たこ満」、『日本経営品質賞経営革新奨励賞受賞』の「飯田工業薬品」等々、挙げたらきりがないほど存在するのです。しかし、これらの企業もまだまだ一般の方に広く知られているとは言えない状況です。

静岡県にはチャンスが数多くあります。ぜひともいい会社を探してほしいと思います。

静岡県は健康寿命がトップレベルだからこそ

静岡県は全国でもトップレベルの健康寿命（健康上の問題で日常生活が制限されることなく生活できる期間）を誇ります。男性は７１．１９歳、女性は７４．２１歳まで健康に働けるのです（厚生労働省が２０１５年12月24日に公表）。

健康に働ける期間が長いことはありがたいことだと捉えることができれば、その人の人生は充実したものになっていくことでしょう。そのためには、仕事というものを前向きに捉え、仕事を楽しくすることに力を注ぐことが大切です。

いい働き方をするには逆転の発想が必須です。そして「働く時間には限りがある」とあえて危機感を持つことも大切です。危機感を持つことで仕事に対する知恵が出てくるからです。いい会社で働くスタッフの皆さんは、そのような意識を持っています。

働くすべての人が幸せになるために

私はこれまで約７５００社の企業を訪問していますが、いい会社はまだまだたくさんあり、紹介し尽くせないのが現状です。

一方で、残念ながらいい会社ではない企業も見受けられます。いい会社のように見えても実際に訪問してみるとがっかりするような会社があるのです。そうした会社の特徴は、経営者が独りよがりであり、社員を大切にしません。「自分のやっていることだけが正しい」と思い込んでいるのです。

本書を通じて「人を大切にするいい会社の本質」をあらためて皆さんに知っていただきたいと思います。働くすべての人が幸せになるためには次の2点が極めて重要です。

(1)「人を大切にするいい会社」を世の中に増やすこと（会社をより良く変えること）

(2)「人を大切にするいい会社」を世の中に知らせること

これらの取り組みにより、いい世の中になっていくものと確信しています。現在のキーワードで言えば、地方創生や働き方改革にもつながるはずです。

なお、株式会社リッチフィールド・ビジネスソリューション代表取締役の富田哲弥さんは私の教え子です。中小企業診断士として現在はコンサルタント会社を率いて社員を抱えながら中小企業の支援をしています。彼も徹底した現場主義の男です。

本書は徹底した現場でのお話であり、机上の空論ではありません。本書で紹介する5社はどの企業もうわべではなく本気の付き合いをした中で積み重ねられた物語です。

また、本書で紹介する5社はほとんどの方が初めて聞く名前の会社でしょう。そこが本書の狙いです。

有名な会社でも人を大切にしない会社があります。有名でなくても人を大切にするいい会社があります。

経営者やすでに働いている人にとっては、人を大切にするいい会社こそ社員がやりがいを感じ、かつ、業績も高いということを知ってもらい、ぜひともいい会社づくりを目指してほしいと思います。

学生さんや若年者の皆さんにとっては、これらを踏まえて大切な会社を探すことに目的を変えれば、就職活動も「大変だけど楽しい」ものとなるはずです。

さあ、自らの力で未来を開いていきましょう。

人はより良く変われるし、会社もより良く変われるのです。

本書がその一助となれば幸いです。

法政大学大学院教授　坂本光司

本書の狙い

中小企業支援の現場からの結論

株式会社リッチフィールド・ビジネスソリューションは『日本でいちばん大切にしたい会社』で著名な法政大学大学院教授坂本光司先生の経営学のもと、現場での企業支援を徹底して展開してきた経営コンサルタント会社です（坂本光司先生は弊社代表取締役の恩師であり、顧問です）。

弊社は、坂本先生の経営学を企業支援の現場で実践してきた経験を通じて、「人を大切にするいい会社を増やすこと」「人を大切にするいい会社を知らせること」の両輪こそがいい世の中づくりに不可欠であると結論付けています。同時に、地方創生と働き方改革の切り札になると確信しております。

静岡では一般的にはほとんど知られていないのですが、坂本先生の経営学を実践され、まさに「人を大切にするいい会社」が存在します。人と会社の不断の取り組みによって、より良く変わっていった会社があるのです。本書で紹介する会社は、そういったより良く変わった会社です。

静岡県内の経営者やスタッフの皆さんが「知らないけれど人を大切にするいい会社が静岡に存在すること」と「取り組みを知ってもらうこと」で、自分たちもやってみようと思ってもらえれば「いい会社を増やすこと」につながると思っています。

また、イメージのみで判断しがちな若年者や就活中の学生が「知られていないけれどいい会社が静岡にあり、実は静岡にはチャンスがたくさんあること」を知ればむやみに県外に人が流出することも防げるでしょう。また、静岡に戻ってくるきっかけにもなるかもしれません。

静岡の人を大切にするいい会社を、静岡に住む人たちの手で、静岡にある会社によって広げ、増やしていく。静岡に住んでいる若者が静岡の人を大切にする会社に入社し、やりがいを感じて働く。これらは大きく言えば静岡の財産の発掘と地産地消であり、ひいては地域経済の活性化や地方創生、働き方改革の実現につながると確信しております。本書がそのためのさきがけとなることを願っています。

現状分析と課題

若者の流出と長引く不況が県内産業の地盤沈下をもたらす

静岡県は健康寿命が全国でもトップクラスであるにも関わらず、若者の流出は全国でワーストの存在です。

また、中小企業が若者を採用するハードルはいまだ高く、人財の不足感が切実なものとなっています。静岡県の中小企業は依然として厳しい景況感です。このままの状態が続けば県内経済は衰退していく恐れがあります。

これらの問題点を解決するために必要なこととして次の2点を掲げたのです。

「人を大切にするいい会社」が静岡にあることを知ってもらうこと
「人を大切にするいい会社」を静岡に増やすこと

いい会社と学生・若年者がマッチしない理由

静岡県には人を大切にし、社風も業績もいい会社があります。

本書でも紹介しますが、３６５日、24時間営業のサービスを展開していながら社員の有給取得率１００％以上で、社員同士の仲がとてもよく業績も素晴らしい会社があるのです。仕事をつまらないものとしている社員や「やらされ感」で仕事をしている社員はいません。いい会社では企業業績の向上と働き方改革の取り組みが見事に一致しているのです。

一般的には企業業績の向上と働き方改革の推進は相反すると思い込まれていますが、そうではないのです。ところが、そのようないい会社の存在を若者たちは全く知りませんし、知る手段がないのが現状です。行政の方々も知る機会がありません。

いまだ親御さんも含めて、「その会社名を知っているかいないか」といった漠然としたイメージで会社の良し悪しを判断する傾向が根強く残っています。それゆえ、先のいい会社も人財の募集には正直言って苦労しており、就職フェアや合同企業説明会に出展してもなかなか若者が集まらないのです。ここが大きな問題点であると考えます。

問題を解決するために

この問題を解決するためには、若者や学校等に対して「イメージ」ではなく具体的にいい会社が静岡にあることを知ってもらうこと、そしていい会社の見極め方を知ることが極めて重要だと考えます。

本書を出版する大きな目的の一つです。本書をきっかけとして若者たちがいい会社の存在といい会社の本質を知り、企業規模の大小や有名無名を問わず積極的に静岡県内の会社へアプローチをかけてもらうことを願っております。

さらに「人を大切にするいい会社を静岡に増やすこと」が大切

同時に静岡県に「人を大切にするいい会社」をより一層増やすことも極めて重要なことだと考えます。誰もがやりがいを感じて働き、給料やお休み等の待遇面も向上しているいい会社を県内に増やしていく手助けをすることも本書のもう一つの重要なテーマです。

静岡県の中小企業は依然として厳しい状況です。特に、いかに価格競争から脱するかが最大のテーマだと考えます。そして、価格競争から脱するために必要な大きな付加価値を生み出すことができるのは「人財」なのです。「人財」しかあり得ません。だからこそ、企業は人をかけがえのない「人財」として大切にしていかなければなりません。褒められ、必要とされ、役に立つ仕事ができる「人財」を育成することが価格競争から脱する唯一の道なのです。

一方で、働くスタッフの方にも求められることがあります。それは、企業にとってかけがえのない存在となり続けるということです。仕事は「人ごと感」「やらされ感」「指示待ち人間」の状態で仕事をしていては会社がいくら制度を整えても真のやりがいは得られません（これも一般的には大きな誤解を生んでいます）。仕事を前向きに捉えることが求められるのです。

いかに自分が「人財」となるか常にわがことととして考え（当事者意識を持つ）、行動しチェックしカイゼンするかがとても重要なのです。仕事のやりがいは、「褒められ、必要とされ、役に立つこと」が社内からも社外からも感じられた時だからです。単純に労働時間の長短で測れるものではないのです。それらが積み重なることによって給料やお休み等の制度面・待遇面の充実が図られ、同時にそれらが機能するようになっていくのです。これらは、すなわち働き方改革なのです。

企業業績を高めるという経済活動と働き方改革は相反するものだと思い込んでいる方も多いですが、実はいい会社では一致していることをぜひ知ってほしいと思います。いい会社を増やすためには、「いい会社をつくりたい」と考えている経営者やスタッフの方々に対して、その本質を理解し「自分たちでもできる」と感じていただくことが重要だと考えます。

　経営者とスタッフが一丸となって「人を大切にするいい会社づくり」に取り組み、そうした企業が増えることがひいては地域経済の活性化や地方創生、働き方改革につながることでしょう。また、「静岡にはいい会社が多い」というイメージが生まれ、伝わるようになれば、若者の流出の防止やUターン・Iターン就職者の増加が期待できるでしょう。

本書の目的と読んでほしい方々

　以上をまとめますと、本書の最も大きな目的は、次の2点です。

「(知られていないけれど) 人を大切にするいい会社が静岡にあること」を知ってもらうこと。

「人を大切にするいい会社を静岡に増やすこと」の重要性を訴え、実践してもらうこと。

　これらの取り組みが両輪となれば、地方創生や働き方改革は実現していくと確信しています。また、これらを実現するために大切なのは次の通りです。

・人はより良く変われるし、会社も変われる…そのポイントを知ってほしい
・真にいい会社のポイントを知ってほしい
・社員のやりがいと企業業績は見事に比例することを知ってほしい
・真の地方創生、働き方改革がここにあることを知ってほしい
・いい会社づくり、いい会社に就職するのに役立てたい方に知ってほしい

人を大切にするいい会社にしたい経営者、スタッフの皆さまへ

実際に静岡には知られていないけれど人を大切にするいい会社があります。そして、「人を大切にするいい会社」は業績も高く、社員満足度も高いということを経営者の方や企業のリーダーの方々に知ってほしいです。それらの企業は皆それぞれの感動ストーリーを持っています。働くスタッフの皆さんは仕事を楽しく考え、その先にある楽しさを追求しています。

がんばって働いても給料は上がらないし、自分の会社はよくならないし、といった働く幸せが見つけられない方々にはヒントとなることが見つかるでしょう。

掲載されている5つの会社は、坂本先生が推奨する「人を大切にする経営」を実践してきました。小さな会社もあります。

いい会社に共通する取り組みを知り、「自分たちもできそうだ。いい会社をつくろう」と思っていただければ幸いです。そうした気運が高まり、広がることによって「実際に静岡には人を大切にするいい会社が多い」ということになればと願っています。

イメージを創ることができれば、人が集まる企業が増え、人が集まる街になっていくからです。

いい会社に就職したい学生や若年者の皆さんへ

学生さんや若年者の皆さんは、誰もがいい会社に就職したいと考えていると思います。しかし、合同企業説明会や就職フェア等でいい会社に出合うことは、なかなか難しいことかもしれません。企業規模の大小や制度面、ホームページや会社情報だけでいい会社を判断することは難しいからです。

可能性をより大きくするためには、「いい会社」について漠然としたイメージではなく、確固たる判断基準が必要です。それは「人を大切にする」ということです。私たちは何となくのイメージで大切なことを判断してしまうことが多すぎます。

何となく東京に出るといい会社に就職できるのではないかと考えるのも同じです。

漠然と静岡にはいい会社がないと考えるよりも、静岡にも人を大切にするいい会社があると考えることで可能性はより大きくなります。ぜひ、人を大切にする会社を見つけてください。

いい会社の本質を考えることで働く楽しさも見えてきます。会社の取り組みを理解し、かつ、自分の能力・魅力を最大限に発揮することができるかどうかの判断をできるようにすることが重要です。

「これは人を大切にするいい会社かもしれない」と思う企業が見つかったら、実際に足を運んで社風を感じてほしいと思います。人を大切にする会社は皆さんの訪問を無下に断ることはしないはずです。就職活動は大変ですが、いい会社の本質を知ることで楽しさを感じることができるでしょう。これは皆さんがこれから働く上でずっと求められることです。

そもそも、仕事というものは必ず誰かの役に立っています。役に立つ仕事をするためには、大変なことから逃げずに立ち向かっていくことで得られます。それが真のやりがいにつながるのです。

そういう気持ちでいればきっと就職活動も大変だけど楽しいものとなっていくことでしょう。そうした方が「人を大切にするいい会社」にたどり着くと思います。もしたどり着かなかったとしてもそれらの体験は無駄ではありません。いい会社にしていこうという思いを忘れずにいれば、自分が就職した会社もきっと変わっていきます。

行政機関で働く方々へ

行政機関で働いている方々は、そもそもすべての国民（県民、市民）を幸せにするために、そして、すべての企業のために究極のサービスを提供されている方々です。サービスを提供する相手は、必ず人（国民、県民、市民）に行き着くはずです。その「人」を幸せにするサービスを提供することが目的のはずです。そのためには、まず皆さんが幸せに働かなければなりません。「褒められ、必要とされ、役に立っている」ことが実感できるように仕事をするべきなのです。

本書を通じてその本質を知っていただきたいと思います。本書で紹介する企業は、行政の皆さんもほとんど聞いたことがない社名だと思います。共通点は、人を大切にする経営を実践し続けていたら結果的に働き方改革やワーク・ライフ・バランスの実現につながっていたということです。

社風や業績が大変素晴らしく、働いているスタッフは皆さんやりがいを感じています。やらされ感、指示待ちの状態で仕事をすることは非常に勿体ないという考え方です。そして、人財の確保に苦労している点も共通点として挙げられます。

例えば、ハローワークにも求人を出していても人が集まらないのです。理由は先に挙げた通り、「その会社を知らないから」です。ハローワークは悪い意味で機会平等の考え方が徹底されています。どんな企業も同じ扱い、どんな求職者も同じ扱いが求められます。悪い意味での機会平等の考え方が邪魔をして、企業側のニーズと求職者のニーズをマッチすることができなくなっていると感じています。

ハローワークは一つの例ですが、民間で働く人や企業のニーズと行政が考えることは明らかに違うことを認識していただきたいのです。そのためにも、以下の2点が大切だと考えます。

「人を大切にするいい会社を知ってもらうこと」

「人を大切にするいい会社を増やすこと」

真の地方創生、働き方改革がここにあることをぜひ知ってください。

人を大切にする静岡のいい会社を見つけました

8つの選定要因

人を大切にする静岡のいい会社を5社紹介します。『「日本でいちばん大切にしたい会社」がわかる100の指標』（朝日新聞出版）では代表的なものだけで100の指標があります。それだけいい会社になるためには大切な指標があり、どれも欠かすことができないものですが、本書においては極めてシンプルに以下の8つをポイントとしました。

（1）人を大切にする経営をしていること
（2）スタッフが自ら進んで働く喜びを得ようと努力していること
（3）業績がいいこと
（4）価格競争をしないこと
（5）ローテクであること

（6）組織風土・社風がいいこと
（7）日本一、日本初にこだわること
（8）一般の人に対して知られていないこと
それぞれの選定要因について簡単に述べます。

（1）人を大切にする経営をしていること

大切にする人とは、社員とその家族、協力会社、お客さま、地域の人や社会的弱者です。簡単に言えば、会社に関わるすべての人を大切にするということです。中でも、社員とその家族を大切にすることは優先順位の筆頭です。「社員を大切にする」という取り組みは、単に給与や休日等の制度的なものを充実させるということではありません。働く人をかけがえのない人財として尊重し、本人の能力・魅力を常に最大限に発揮して仕事をしてもらうことを通じて幸せにすることです。

幸せとは、「人に褒められ、必要とされ、役に立ち、愛される」ことによって得られます。特に「褒められ、必要とされ、役に立つこと」は仕事を通じて得られます。その関係を会社と社員、社員同士、協力会社、お客さま、地域の人たちと構築することで真のやりがいとなっていくのです。それらの積み重ねによって給与や休日等の制度面も充実し、やりがいと相まって機能してくるのです。

そもそも仕事というものはどんな内容であれ、必ず誰かの役に立っており、それが感じられることが真のやりがいにつながります。それゆえ、会社は働く人が自分のためではなく、誰かのために役に立つことを念頭に仕事をしてもらうように人を育成することが求められます。

反対に、自分のためだけに仕事をしていると目先のことばかりにとらわれてしまい、働く喜びが見失われていきます。そのような状況の会社では、いくら制度を充実させても機能しないのです。

会社は、働くすべての人が「褒められ、必要とされ、役に立っていること」が社内からも社外からも感じられるように経営努力をするべきなのです。それはすなわち、自ら進んで考え、実践し、チェックし（気づき）、カイゼン（より良く）することができる人を育成することなのです。そのような会社が今回の選定要因となっています。

また、選定された会社は社員の提案を歓迎し、積極的に経営に参画させていることも共通した特徴です。社員の個々の意見を尊重し、権限と責任を与えて仕事をさせます。それは大変なことですが、仕事のやりがいを感じられる源となります。

これが案外難しく、社員に自由な提案を求めていながら全く機能していない会社も非常に多いのです。そういった会社は、社員を大切にしているとは言えませんが、気がついていないことも多いのです。

(2) スタッフが自ら進んで働く喜びを得ようと努力していること

働くすべての人は、会社にとってかけがえのない存在であるべきです。そのために、会社側は働くすべての人を「褒められ、必要とされ、役に立つ仕事ができる人」に育てること＝「人財育成（人づくり）」が重要です。

一方で、働く人も「褒められ、必要とされ、役に立つ仕事をするにはどうしたらいいか」を自主的に考え、実践し、チェックし、カイゼンすることが重要です。それは、働く人が自らの魅力・能力を最大限に発揮できるように「より良く自分を変えていくこと」に他なりません。常に受け身ではいけません。さらに、どこまでも能力・魅力を伸ばすように努力することも重要です。

そのように自ら進んでより良く変わろうと努力したからこそ、褒められ、必要とされ、役に立ったことが感じられた時の喜びが格別なものとなるのです。真のやりがいは自ら進んで働く喜びを得ようと努力することで得られるのです。かげかえのない人財とは、そのような人のことを言います。そうした『人財』が活躍する会社だからこそ業績が向上し、給料や休暇等の制度面も充実していくことにつながるのです。

働く人に求められるキーワードは「当事者意識」です。「当事者意識」も難しい言葉です。仕事というものは必ず誰かの役に立っています。自分のためではなく、その誰かになったつもりで考え、より良く自分の行動を変えていくことで仕事はより良質なものになっていきます。

反対に、自分だけの考え方で仕事をしていると、その原理原則から離れていきます。多くの会社で「人ごと感」「やらされ感」「指示待ち状態」で仕事をすることが横行しています。その状態で仕事をしていても働く喜びを得ることは困難ですし、組織の生産性も高まりません。

本書では、以前は当事者意識が弱かった社員でも自身と会社の努力によって変わっていった事例が紹介されています。人はより良く変われるのです。

(3) 業績がいいこと

今回選定される5社は業績が高く、経常利益率が10％近い企業ばかりです。過去最高益を毎年のように更新している企業もあります。

『日本でいちばん大切にしたい会社』で紹介されている未来工業や伊那食品工業の経常利益率が15％前後であることを考えると、今回紹介する企業は非常に業績がいいと言えます。

なお、わが国の企業は、業種ごとに若干の差はありますが、売上高に対する経常利益の割合（経常利益率）がおおむね５％あれば優良企業と言われています。単純に、１億円の売上高の会社で利益が５００万円ならば優良企業なのです。「あれ、日本の会社は儲かっていないな」と感じられた方は正しい判断です。前述したとおり、約7割の会社が赤字であることを考えると、業績がいいことはとても大切な指標となります。

ただし、業績を高めるために、社員の給料を削ったり、仕入先や販売先等の協力会社の費用を削ったりする会社は本末転倒です。これらの「人」を大切にするためにも、会社は正しく利益を残すべきなのです。正しく利益を出して税金を支払うことは、地域の税収を増加させ、地域の発展に貢献することにつながります。

わが国の会社の約7割が赤字であることを考えると、税収を増やすには、人を大切にするいい会社を増やすことがいちばんなのではないでしょうか。

（4）価格競争をしないこと

選定された会社は価格競争をしません。同業他社よりも商品・サービスの値段が高くても、お客さまの満足度はそれ以上に高い点が特徴です。無論、その違いを生み出すのは「人財」に他なりません。

価格競争は会社の永続だけでなく、その業界のためにもなりません。安さを競うことをしてしまったら、たくさん売らなければ業績は高まりません。そのためにスタッフの給料を下げてしまったり、協力会社を巻き込んで外注費を減らしたりすることは間違っているのです。そもそも私たちの働く時間には限りがあります。いくら売ってもスタッフの幸せにならない薄利多売の商法に私たちはサヨナラを言うべきです。

本来企業は提供する商品やサービスの質の高さで競うべきであり、それを実現できるのが人財なのです。価格を安くしなくてもお客さまにそれ以上の満足を与えることができれば商品・サービスは売れるのです。企業はそれができる「人財」を育成すべきなのです。

価格競争をしないことは、働き方改革を実現する上で最も大切な要素だと考えます。働く時間に限りがある以上は1円でも高く売り、お客さまにはそれ以上の価値を与えられる人財を育成することが真の経営努力なのです。
安さを売りにしている企業は、人を大切にする会社にはなり得ません。

(5) ローテクであること

選定された企業にハイテクの会社はありません。これは人財が最大の差別化要因になっているためです。また、一概にハイテクが優れていて、ローテクが劣っている訳ではありません。

ハイテクとは、高度な科学技術で、時代の先端にあって関連分野に影響を及ぼすような技術の総称です。ローテクとはそれらと比べて地味な印象を持たれる分野の技術体系全般を指しますが、ローテクであっても人財が差別化を実現しているという意味では極めて高度だと言えます。

選定された企業の人財は、今後どんなにハイテク化が進もうとも負けることはないでしょう。むしろ、業界全体のハイテク化が進むことによってますます差別化を実現すると思います。それだけ「人財」は企業にとってかけがえのない存在なのです。

あらためて企業が生き残る上で重要なのは、「人財」を育成することなのです。

（6）組織風土・社風がいいこと

会社としての組織（公式組織）が成立するためには、共通目的・貢献意欲・コミュニケーションの3要素が不可欠です。人を大切にするいい会社では、これらが高い次元で機能する社風になっています。社員のための経営理念・社是をはじめとして働く人が幸せになるべきだという共通目的と、社員同士、協力会社・外注企業、お客さま、地域の人に貢献しようとする強い意欲とがあり、その結果、質の高い双方向のやりとり（コミュニケーション）が生まれます。もちろん、そこには情報の伝達、連絡、通信の意だけではなく、意思の疎通や心の通い合いも含まれます。さらに、スタッフのがんばりに対する会社からの報酬も、会社からの報酬に対してスタッフがさらにがんばろうとすることも質の高いコミュニケーションです。

また、組織風土・社風は一定の状態ではありません。常に変化します。そして、個人の負の感情が大きくなってしまうことで崩れていきます。会社の風土は油断をすると見る見る悪くなっていきます。企業風土・社風をよくするための取り組みは絶え間ないものです。「これでよし」「これで終わり」ではなく、常に考え、常に行動することが求められるのです。

いい会社では働いているスタッフが忙しい中でこそ、真価が発揮される風土ができています。普通の会社では忙しくなってくると「それどころじゃない」といってせっかく決めたルールが守られなかったりします。これは個人の感情が大きくなっている状態です。

忙しい時こそ決められたことを守ろうという気運がいい会社には生まれます。共通目的、貢献意欲、コミュニケーションの３要素が高い次元で機能するのです。

（7）日本一、日本初にこだわること

いい会社には高い志が必ずあります。日本初であったり、日本一であったりという部分にこだわるのです。商品でもサービスでも、どんな取り組みでも結構です。これは人と企業がより良く変わるためにとても大切なことなのです。今回選定された会社においても何らかの日本一、日本初のものが存在します。

人や企業がより良く変わるためには、「志」や「目的」「あるべき姿」等が不可欠です。さらに、それらを実現するために数々の目標を立てることが重要です。人はつい「平凡でいい」「人並みでいい」「そこそこでいい」「現状維持」といった言葉を好んで使ってしまいます。しかし、それでは何も変わらないのです。

いつしか他力本願になり、やらされ感で仕事をしたり、人のせいにしたりする人ばかりになってしまうのです。仕事のやりがいも感じられません。そのような人たちが集まっている会社も多く存在します。だから風土を変えることも大変です。企業も人も何も変わらずに時が過ぎていくのです。

変わらないことがいちばんのリスクなのです。目的や目標がないとそこに気がつかなくなります。何も変わっていないこと、現状から振り返った時にその目的に合っているかどうか。また、大きな志を持つことができるからこそ、謙虚な姿勢を持てるのです。目標が明確にあり、現状とのギャップを知るからこそ「自分たちはまだまだだ」と謙虚になれるのです。

より良く変わろうとすることがいい会社をつくる源になります。そもそも、すべての物事には目的があるのです。

(8) 一般の人に対して知られていないこと

一般の人に知られていないことは本書の重要なポイントの一つです。本書で紹介する5社はそれぞれの業界ではとても有名であっても、一般の方の多くが初めて聞く社名かと思います。

本書では先進企業としてこれまで紹介されてきた会社は選定しませんでした。理由は、たとえ知られていなくても、たとえ小さくても、人を大切にするいい会社が静岡県に確実に存在していることを広く知ってもらいたかったからです。人を大切にしている会社は案外あなたの隣にもあるかもしれないということを感じてほしいからです。人はより良く変われるし、企業も変われるということを知っていただきたいのです。

いまだにいい会社を「知っているか、いないか」というイメージだけで判断してしまうケースが非常に多いのですが、それは勿体ないことです。特に学生の皆さん、学校の先生はイメージだけで判断しないようにしてください。静岡には大手企業以上に働きがいを得ることのできる会社があるのはまぎれもない事実なのですから。

なお、5社の企業は2013年頃から毎週のように訪問し、スタッフの皆さんにヒアリングを繰り返し、データにまとめてきたものです。その間、スタッフの皆さんの意識がさらに高まり、自らの力で組織風土・社風が改善され、過去最高益を記録した企業もあります。

人はより良く変われます。企業もより良く変われます。その本質に迫る内容だと思います。

それでは紹介いたします。

株式会社エスバイエス

365日24時間営業なのに有給休暇取得率100%以上。高収益の驚くべき会社

株式会社エスバイエス　静岡本社

社名	●株式会社エスバイエス
経営理念、社是	●私たちは、常にお客さまの視点に立ち、快適で、安心の出来るビル内環境を創出し卓越した技術力と専門知識に裏付けられた最高のサービスを提供する親切でやさしい会社を目指します。
創業·設立年月日	●1992年4月1日
従業員数	●40名（2017年4月現在）
代表者名	●代表取締役社長　定石明
事業内容	●ポンプや給排水管·貯水槽などのメンテナンス、リフォーム
本社所在地	●静岡市葵区唐瀬2-4-30
電話番号	●054-249-1500

大手企業以上の有給取得率と高い業績を残している会社

社員が幸せに働くためには、まずやりがいが感じられること、そして、有給休暇や給料面等の制度が機能する社風を創ることが不可欠です。皆さんの会社で有給休暇取得率はどのくらいでしょうか。

わが国における有給休暇取得率の平均は47．6％（『平成27年就業条件総合調査』厚生労働省）です。取得率の半分にも至っていません。大手企業において有給休暇取得率80％以上の企業はわずか47社しかありません（2015年『CSR企業総覧』東洋経済）。

どの企業でも有給休暇の取得を進めるのは大変なことです。単純に休みが多いと生産性や業績が下がると思い込まれているからです。しかしながら、有給休暇取得率99．8％（2015年実績）108．9％（2016年実績）、という大手企業以上の実績を誇り、かつ、2015年度、2016年度と共に過去最高益を記録したという社員の満足度も業績も高い会社が静岡にあります。

株式会社エスバイエスです。しかも、365日24時間の営業をしていながらこの実績を誇っているのです。2015、2016年度と過去最高益を記録した時は、うらやましいほど多くの報酬が社員に還元されました。ちなみに、営業面で社員に対するノルマは一切ありません。

大手企業以上の有給休暇取得率を誇り、かつ、大手企業以上のやりがいを感じられる会社が株式会社エスバイエスなのです。社風の特徴は、社員同士の圧倒的な仲の良さにあります。社員同士がお互いを大切にしています。

例えば、やむを得ない事情で有給休暇の残り日数が少なくなった社員に対しても誰かが手をさしのべるような会社なのです。ある女性社員からは「私の有給休暇を寄付できませんか?」という提案が出てくるほど社員同士が大切にし合っているのです。

おそらく、皆さんの会社では考えられないことでしょう。有給休暇が少なくなった社員に対して何かをしようとは考えてもみないことでしょう。これは常に一緒に働く仲間に関心を持ち、仲間を思いやり、仲間のために行動することが徹底されている会社だからこそ可能なことなのです。

社員にヒアリングすると、皆さんが「メリハリを大切にしている」と答えます。この言葉は定石社長が常に発信しているメッセージでもあります。社員同士の仲の良さと、自分自身を高めようとする厳しさとが見事に両立している会社なのです。

メリハリのある社風は有給休暇の取得率を上げるために必須の条件です。休暇に関する歩みは、２００６年に自分の好きな日に休める記念日休暇からスタートしました。記念日休暇の取得率１００％が達成されたのが２０１３年で、この時の有給休暇取得率は51％でした。そこからさらに有給休暇取得率が９９．８％（２０１５年度）、１０８．９％（２０１６年度）の会社になりました。

なお、休日の取り組みは、記念日休暇取得率１００％を達成した２０１３年に厚生労働省の「２０１３年度版　人と企業を活性化する休暇制度を導入しましょう　活動事例20社」にも紹介されました。２０１６年には静岡市からも社会的責任（ＣＳＲ）を果たしている企業として認証を受けています。

普通は有給休暇を取得すると生産性が下がると思われがちですが、なぜ生産性が高まるのでしょうか。それらを実現しているエスバイエスは一体どのような会社なのでしょうか。その秘密を探ってみましょう。

その歩みと経営理念

エスバイエスは１９９２年に創業したビル・マンションの水道設備、貯水槽、防災設備等の点検・管理のメンテナンス事業を行っている企業です。近年ではリフォーム事業等も加えて建物に関する総合管理のコンサルティング会社として展開を始めています。

創業以来一貫して社員を徹底的に大切にする経営を実践してきました。創業時から貫いてきた「いかに社員に幸せに働いてもらえるか」を考え抜いた結果が、「社員の仲の良さと自分を高めようとする厳しさが両立する社風づくり」につながったのだと考えられます。

定石社長と佐藤取締役の２人で始めたエスバイエスは毎年少しずつ成長し、今ではスタッフの数が40人（２０１７年４月現在）となりました。本社営業所は静岡市の北東側に広大に広がる麻機遊水地近くに位置しており、富士、浜松にも営業所を構えています。

どの事業所も定石社長のイズムが浸透し、社長の期待に見事に応え続けてきた社員たちの活気であふれています。いつも訪問すると社員の皆さんが明るい笑顔とあいさつで迎えてくれます。男性社員も女性社員も一人一人が輝くように働いていて、平均年齢30代の若い社員が活躍する会社です。また、男性ばかりの職種と思われる中で、女性の活躍も際立っていることも特徴です。

エスバイエスの経営理念は「私たちは、常にお客さまの視点に立ち、快適で、安心の出来るビル内環境を創出し卓越した技術力と専門知識に裏付けられた最高のサービスを提供する親切でやさしい会社を目指します。」です。「専門知識に裏付けられた」とは、それぞれの分野で高い技術を持つ社員のほとんど全員が「建築物環境衛生管理技術者」「貯水槽清掃作業監督者」「排水管清掃作業監督者」「一級管工事施工管理技士」「一級土木施工管理技士」などの有資格者であることで証明できます。

また、「最高のサービスを提供する親切でやさしい会社」部分については、仕事上の技術力やノウハウはもちろんのこと、「人として正しい行動」が非常に高いレベルで求められます。

ノルマがないのになぜ過去最高益を記録したのか

前述したようにエスバイエスは営業面のノルマが一切ありません。それにも関わらず、２０１５年度は過去最高益を記録し、２０１６年度も更新中です。驚くべきことです。有給休暇取得率がこれだけ高いのになぜそのようなことができるのでしょうか。社員にヒアリングをすると、「みんながんばったからです」「みんなが力を持ち寄り、それぞれ目標を明確にしてがんばったからです」という声ばかり聞かれます。

他の会社で業績がいい要因について伺うと、大抵、自分自身ががんばったことが出てきますが、エスバイエスでは仲間のことが出てくるのです。ここまで仲間のことを認め、仲間を思う声が多いのには驚かされます。

一般的な会社では営業目標を決めて、リーダーが叱咤激励しながら進めていくケースが多く見られますが、エスバイエスはノルマも会社からの強制的な目標も一切ないのです。社員の自主性に任せ、真の意味で自由です。自由であるからこそ社員は自ら進んで目標を持つのです。これがポイントです。楽をしてしまえば仲間のためにも自分のためにもならないし、それが業績の悪化や有給休暇取得率を下げてしまうことになりかねないことを理解しているのです。

また、みんなのおかげという部分について話を聞くと見積もり面の優位性についての意見が多く聞かれました。さらに具体的には次の3点に集約されます。
①素早い見積もりができるから
②現場を担当する誰もが見積もりを出せるから
③出した見積もりを追いかけ続けたから
見積もり面での優位性は会社の強みそのものであり、定石社長の考えが社員の皆さんに浸透している証しです。

そして、社員同士の仲の良さと自分自身への厳しさのバランスが絶妙に保たれている証しでもあります。特に現場業務の男性社員と内勤業務の女性社員との連携が高いレベルで実現していなければ、先の3つの要素は実現できないからです。

気づきの力と対応スピードの速さ、仕事の質の高さが同業他社のサービスよりも圧倒的に高いことが見積もりからうかがえることで、お客さまの期待値が高まり、そのまま仕事の受注につながるのです。

エスバイエスは価格競争をしませんが、仕事を発注したお客さまの9割以上がリピーターとなります。社員は一人一人がかけがえのない「人財」であり、人財が生み出す質の高いサービスが価格以上の付加価値を生み出しているのです。

一度きりの人生。どうせやるならとことんやるべき

エスバイエスは全スタッフがかけがえのない「人財」です。人財を象徴する例として宮崎さんを紹介します。宮崎さんは仕事と音楽活動の両立を見事に実現している社員の一人です。

宮崎さんは「FRONT　LINE」というバンドをつくり、メジャーデビューを果たしています。詞と曲を作ってCDを制作したり、東京での定期的なライブ活動やイベント、ラジオ等に出演したりと大変な忙しさです。

普通の会社ならば「仕事がおろそかになるから音楽活動はほどほどにしておけよ」

という声が上司や同僚から聞こえてきそうです。事実、宮崎さん自身もバンドの仲間からそのような声を受けたことがあると聞いて気にしていました。

しかし、定石社長は宮崎さんに次のように言葉をかけたのです。「一度きりの人生だ。どうせやるならとことんやるべきだ。思い切りやるならば俺も全力で応援するよ」。宮崎さんは定石社長のこの言葉に驚くと同時にとても感激したそうです。この言葉を励みにより音楽活動に取り組むようになったのです。

宮崎さんがすごいのは、音楽活動だけではなく、仕事にも大変な情熱を注いでいる点です。例えば、誰でも休みたいと思うお正月やゴールデンウィーク、夏休み等に率先して出勤するのです。宮崎さんは「当たり前です」と謙遜しますが、それがいかに大変なことか想像に難くありません。「定石社長の言葉が本当に有り難いし、その恩を返していきたいです。そして、今の自分があるのはみんなのおかげです」と感謝の気持ちを仕事という形で具体的に表しているのです。

宮崎さんの『FRONT LINE』 渋谷でのライブの様子

社長への恩を常に忘れず、仕事へのフィードバックにつなげている点がとても重要なのです。頭ではわかっていてもなかなか行動につなげられる人は決して多くないのです。だからこそ宮崎さんは社員からも褒められ、必要とされ、愛されています。

東京でライブがある時は、エスバイエスの社員がバスをチャーターして全員で応援にいきます。途中で食事をしたり、ショッピングをしたりするのも楽しみの一つです。宮崎さんがライブやイベントをする時に裏方のスタッフの仕事を手伝うのが浜松営業所の村松さんたち同年代の仲間です。

村松さんは言います。「あいつがすごいから自分も負けられない。年齢が変わらないからいつもすごい刺激を受けています。認めているからこそ何かあれば応援したくなるんだと思います」。仲間を認めて自分もがんばろうとする言葉が次から次へと出てくるのがこの会社の強みです。

静岡本社の八木チーフも次のように宮崎さんのことを認めています。「あいつは

『FRONT LINE』のグッズ売り場で

カッコいいです。仕事も音楽も全力であれだけのことができるのだから。自分も負けられない」。

お互いを高いレベルで認め合い、かつ、競い合うことを常に実践している様子がうかがわれます。これがエスバイエスの社員の特徴であり、だからこそ仲が良く、自分自身に厳しい社風になるのです。

また、休日を充実させることで生産性が上がることも社員が証明してくれています。休日を充実させて生産性が下がることはそもそもおかしいのです。それゆえ、自分のやりたいことを社長や仲間が応援してくれる理想の関係がエスバイエスにはあります。「人から受けた恩は何が何でも返すこと、それがライフワークとなっている」そんな気持ちに満ち満ちた方ばかりです。

「人を大切にするいい会社」ではプライベートや社外活動を積極的に推奨していますが、その理由もこの実例から証明することができます。人生を充実させようとする社員のモチベーションが高いからこそ、会社の生産性も高まっていくのです。

社員の持ち家比率が高い会社

エスバイエスの社員はプライベートもとても充実しています。持ち家比率が実に高いこともその証明です。静岡本社では、社員20人のうち、15人が持ち家者です。社員の平均年齢が30代で持ち家比率がこれだけ高いのは大変珍しいことです。それだけ自分の仕事への誇りがあり、将来に対しての迷いがないからではないでしょうか。

宮崎さんも持ち家を実現している社員の一人であり、次のように話してくれました。「仕事もプライベートもいかに充実させるかという意味で本質は同じだと思っています。懸命に取り組めば取り組むほど音楽活動の時に仕事のヒントが浮かんだり、また逆に仕事の時に音楽のいいアイデアが浮かんだりします。大変だけどとても充実しています」。

渥美さんもその一人です。「家を建てると仕事をがんばりたいと思うようになります。仕事への励みは人生の充実そのものです」と話します。20代で家を持つ人も珍しくありません。「今度、家を建てます」とうれしそうに報告してくれる20代の社員がいました。定石社長は満面の笑顔で「大丈夫か？」と冗談で返します。この光景からも、いかにいい社風であるかが伝わってきます。

エスバイエスはリスクを追って新しいことに挑戦することが評価される会社です。それが自分自身を高めようとすることで人生そのものの充実につながるからです。

社内結婚をする社員も少なくありません。社内結婚が禁止されている会社もある中で、逆の発想を持っています。定石社長は「何よりも社員の幸せです。社員の幸せにつながるのだから、社内結婚も大歓迎です。中にはいつの間に?というカップルもいますけどね」と笑いながら説明してくれました。だからエスバイエスの社員は本当に家族のような存在なのです。

「私の有給休暇を寄付できませんか」

宮崎さんは、有給休暇を取得しながら音楽活動を続けています。レコーディングやライブの日取りはこちらの予定通り進められるわけではないからです。音楽活動が軌道に乗れば乗るほど有給休暇が無くなっていきます。いよいよ残り少なくなったのは、大切なライブが目前に迫ってきた時でした。宮崎さんは思い悩み、「これ以上仕事の仲間にもバンドの仲間にも迷惑をかけることはできない」と感じ始めました。

残念ながら現行のわが国の法律ではどうすることもできません。普通の会社の社長ならば「それは無理だからあきらめろ」ということを言うでしょう。しかし、定石社長は違いました。「国に制度がないならうちの会社で創ってしまおう!」

社長の声に呼応したかのように女性社員の雪恵さんが次のように提案しました。

「私の有給休暇を宮崎さんに寄付できませんか?」

前述の通り、エスバイエスは有休取得率が100%に近い会社です。普通の人ならば、「当然の権利」として自分の有給休暇を使わなければ損だと考えてしまうかもしれません。しかし、雪恵さんは自分が使うはずの分を宮崎さんにあげたいというのです。しかも雪恵さんは子育ての真っ最中であり、自分だけでなく家族のためにも有給休暇は使いたいはずなのです。

後日、宮崎さんは雪恵さんがそのように言っていたことを聞きました。宮崎さんは、見る見るうちに目に涙がたまっていきました。そして、こう言いました。「本当にこの会社に入ってよかった。仲間に出会えてよかった。自分のことをこんな風に思ってくれるなんて…」。宮崎さんはさらに仕事をがんばり、音楽活動をがんばり、人生を充実させていったのです。

雪恵さんは後日このように言いました。「私は特別なことを言ったわけではありません。本当にがんばっている人が近くにいるのです。私たちも彼（宮崎さん）から元気をもらっているのです。それに私もみんなのおかげで休めています。私の有給休暇がより有効に使える方法があればと思っただけです」。

これは社風を象徴するエピソードです。がんばっている社員同士がお互いを認め合うからこそ、真のお互いさまの精神が醸成されているのです。だから、がんばっている社員が困っていたらどんなことがあっても助けようとする社風が社員一人一人の力で創られているのです。

誰かが困っていたら見て見ぬふりをせず、必ず手を差し伸べることが当たり前となっている社風なのです。大切なのは制度が当たり前になるのではなく、それを使うことができるのは仲間のおかげだと認識し、感謝の気持ちから恩返ししようとする行動だと思います。

宮崎さんは年末年始やお盆休みなど、人が休みたいと思う時にこそ積極的に出社をしています。夜間の緊急対応も積極的に出社しています。「自分は会社やみんなから大切にされている。だからみんなのために役に立ちたい」という強い想いがあるからです。

社員全員が宮崎さんのがんばる姿を知っています。だから、全員が宮崎さんを応援しているのであり、雪恵さんのように「自分の有給休暇を寄付できませんか」という申し出も出てくるのです。

「制度は人を幸せにするために存在するはずだ」と私の恩師、坂本光司先生がいつも話します。そのためには制度を活用して終わりではなく、その前後の取り組みと積み重ねが非常に大切になってくるのです。そのことをあらためて感じることができたエピソードです。

エスバイエスは2015年度過去最高益を記録し、2016年もさらに更新しました。社員全員が助け合いながら有給休暇を取得することで会社全体の生産性が上がっていったのです。そもそも有給休暇を使って仕事の生産性が下がったら本末転倒であると社員自身が理解しています。だから、有給休暇を取得する以上は生産性を絶対に下げないように日頃から知恵を出して段取りをし、行動につなげているのです。

一方で「制度なのだから有給休暇を使うのは当然の権利だ」と言って思考と行動が停止してしまうような状態になると生産性は見る見るうちに下がっていくでしょう。生産性が下がったのでは、多くの経営者や働く人が懸念する通りの結果であり、意味がないのです。つまり、制度が機能しない状態なのです。

あらためて休暇は自分の人生の充実のためにあり、その充実度はそのまま仕事にもフィードバックされることが「あるべき姿」だと強く感じます。また、有給取得率をただやみくもに高めるだけでなく、その使い方や質にも課すべきテーマがあるでしょう。

フランスでは2014年にマティス法という法律が成立しました。ある社員の子供が重度の病気の時に、同僚の社員が有給休暇を集めて寄付してくれたことで子供のそばでずっと看病ができたという事例から法律になったものです。エスバイエスと共通するのは、国に制度がなくても本当にお休みが必要な人のために社員が協力して行動した点にあります。

人生の大半が働く期間です。働く期間を充実させることが幸せな人生となるのです。仕事もプライベートも含めて人生をより充実させたいと思うことが人として正しい姿なのです。

さて、宮崎さんのライブ当日の会場は大いに盛り上がりました。それを応援する社員も一人一人がとても輝いていました。宮崎さんは会場にいる社員を一人一人見つけて語りかけるかのようにメッセージを届けていました。

女性社員も主役

エスバイエスは「お互いさまと助けあい」の風土が構築されており、女性社員も大変活躍しています。その核となっているのは、理恵チーフ、雪恵さん、茂代さんの3人の女性社員です。3人が入社したのは、まだ会社が今の建物に移る前のことです。以来、定石社長の「人を大切にする経営」のもとでエスバイエスを支えてきました。

3人の女性社員は定石社長だけでなく、寿美子夫人のことも尊敬しています。寿美子夫人は経理を担当し、会社の屋台骨を支えています。ある社員が入院し手術をした時も、寿美子夫人が真っ先に駆けつけずっと付き添ってくれたそうです。後から社長も駆けつけてくれたそうです。その社員の奥さんは「本当に心強かったです。ここまで社員のことを心配してくれる会社は他にはないと思います」と言います。

定石社長と寿美子夫人はお互いを「自分にはないすごいものを持っている」と尊重し合い、尊敬し合っています。ご夫婦を見ていてとても和やかな気持ちになります。その雰囲気が社風の源となっています。

女性社員は、産休や育休制度を活用し、女性がいつまでも働ける会社を自分たちのがんばりによって実現しています。仕事を後ろ向きに考えている人は一人もいません。産休や育休を取得している時でも共通して「早く戻ってきたい」と話します。仕事を受け身ではなく能動的に考えているからであり、早く仲間やお客さまのために働きたいという気持ちがそうさせています。

忘年会にて　素敵な笑顔の女性スタッフ

「私も産休と育休を取らせてもらいました。これからの女性社員に伝えたいことは、どんなに仕事が大変でも必ずみんなで助けるから仕事を辞めてはいけないということです」。雪恵さんはそう話します。今日は静岡、明日は富士と行ったり来たりしながら、大変で多様な仕事である内勤業務を支えています。

「もっと仲間やお客さまの役に立ちたいです。より高みを目指したい」という茂代さんは浜松営業所を支える女性です。常にメモを取り、常により高みを目指す姿勢は後輩の溝口さんに伝えられています。溝口さんは「尊敬する先輩です。早く茂代さんのようになりたいです」と目標とする先輩のことを紹介してくれました。

富士営業所の井出さんは「富士営業所こそいちばん社員の仲がいいと思います」と自信を持って言える方で、内勤業務をこなしながら現場で働く男性社員の細かなフォローまでも担当しています。

静岡本社は理恵チーフが産休から復帰しました。代わりに恵さんが産休に入りました。恵さんの仕事は吉川さん、池谷さんが確実にフォローしていきます。

仲がいいからこそ迷惑をかけたくない

エスバイエスの社風をひと言で表せば、「スタッフの皆さんの仲が大変いい」ということです。人間関係の面で悩んでいるスタッフは一人もいません。たとえ何かあっても必ずカイゼンされるからです。

「本当にいいやつらばかりで助けられています」と定石社長は言います。上司と部下の関係は日常の仕事のみであり、飲み会や打ち上げなどの席では所長やチーフクラスの上司が部下から笑いの種にされることも珍しくありません。またそのようなことに対して怒る上司も一人もいません。

通常では、仲が良すぎると、自分や社内の甘さを生み出すことになりかねません。「見て見ぬふり」や「問題の先送り」になりがちですが、エスバイエスの皆さんは全く逆です。スタッフの皆さんになぜそのようなことができるのか尋ねると口をそろえて「メリハリを大切にしています」という答えが返ってきます。

社員同士の仲がとてもいい反面で、自分自身への厳しさも常に持っています。会社からのノルマはなく、社員は「自由に」働くことができます。だからこそ、社員は自

社員の仲の良さとメリハリがエスバイエスの強み

分に甘くすることはせず、自分で目標を決めて日々進んでいるのです。自分自身への厳しさがある証拠です。

女性社員の皆さんもつい今までお菓子を食べながら談笑していたのに、次の瞬間は真剣な顔で仕事に取り組みます。突然スイッチが入ったかのように行動する社員の姿を初めて見る方は驚かれることでしょう。これは、メリハリを大事にするという社員の共通する気持ちがあるからです。

「仲間に迷惑をかけたくないから」「負けたくないから」という強い気持ちがある社員たちがエスバイエスの魅力をつくり出しています。

定石社長イズムは「人として正しく」

定石社長のイズムはまず「人として正しく」が求められます。人として正しくない行いをした場合は、なぜそのようなことをしたのか徹底して考えさせます。静岡本社はもちろんのこと、富士営業所、浜松営業所のスタッフにも浸透していることがうかがわれます。なぜなら、定石社長に対する尊敬の念が各営業所のトップである丹羽所長、半田所長、藤田所長に認められるからです。

3人の所長はそれぞれタイプが異なりますが、流れている本質部分は同じであり、

「人として正しく」を愚直に実践しています。浜松営業所の藤田所長は「社長が決めたことならばたとえ大変でもやらなければなりません」と笑顔で答えてくれます。

所長会議でのことです。所長会議では定石社長と食事をしながら丹羽所長、半田所長、藤田所長のそれぞれからいい会社を実現するためのアイデアが出てきます。定石社長は所長からどんな提案が出てきても「いいよ、やってみよう」というのがお決まりです。普通の経営者だと自分の意見を言ってみたくなるものですが、定石社長の場合は完全に聞き手に回って所長たちの意見を聞いています。

所長たちもそれぞれとても忙しい中で時間をやりくりし、資料を作成してこの日に臨みます。準備があまりできていなければすぐに見透かされてしまいます。他の会社では「忙しいから準備できませんでした」ということがまかり通ってしまうでしょうけれど、所長たちはそうならないように努力しているのです。

所長同士がお互いを認め、かつ、高いレベルで競い合っているのです。そのためには、まずは自分に負けないことが大切なのです。その所長を目指してチーフと言われるリーダーたちが活躍しています。

富士営業所の北村チーフ、静岡本社の藤牧チーフ、神戸チーフ、八木チーフ、浜松営業所の望月チーフは年齢も近く、お互いを認め合い切磋琢磨しながら前に進んでいます。お互いを認め合いつつ、かつ、負けまいとする強い気持ちが自分の能力・魅力をさらに発揮させることにつながっているのです。その関係性は見ていて気持ちがいいほどです。

所長、チーフからはどんなにいい成果を出しても「自分はまだまだです」という言葉が返ってきます。自分自身をより高めようと常に厳しい目を向けているからこそでしょう。リーダーのそうした姿勢がメリハリのある社風づくりにつながっているのです。

また仕事をしているリーダー社員の姿勢がとてもよく、美しいのも特徴です。どこか武道に通じるものがあります。定石社長は武道を嗜んでおり、その姿勢が各リーダーに伝わっているのかもしれません。

お客さまの期待をいい意味で裏切る

エスバイエスの大きな特徴は「社員同士の仲がとてもいい」と前述しました。いつも笑顔にあふれ、人間関係で悩んでいる人はいません。その反面でメリハリをとても大切にしており、自分に厳しい人たちが集まっています。自分に厳しくないとお客さまに質の高いサービスが提供できないからです。

「お客さまの期待に応えるだけではダメです。それ以上のことをしてお客さまに驚かれるのが醍醐味です」と静岡本社の半田所長は言います。具体的に半田所長が実践しているのは、お客さまから依頼された見積もりをその日のうちに出すことです。

お客さまは「明日でいいよ」と言っていても必ず今日出すのです。むしろ、明日でいいと言われたことをチャンスだと考えるのです。なぜならば、予想以上に驚かれたところにお客さまの感動があり、信頼があり、仕事の受注につながるからです。その日も半田所長は夕方近くに帰ってきて筆者の私と面談をしたのですが、「すでに1件の見積もりを出してきました」と言って笑っていたのです。

その圧倒的スピードの速さがエスバイエスの強みです。お客さまも「この会社ならばしっかりとやってくれる」と期待して契約をしてくれます。見積もりだけでも「褒められ、必要とされ、役に立っている」ことが実感できるのです。普通の会社では、こんなに早く見積もりを出すことはまずありません。その重要性に気づいていないのです。しかし、エスバイエスはそこをチャンスと捉え、内勤業務の女性社員との強い絆があるからこそ実現可能なのです。仲間への思いやりの心、お互いさまの心があって実現しているのです。

また、現場業務の社員は、日々の現場において「来た時以上にきれいな状態にして帰ること」をモットーとし、整理・整頓・清掃・清潔を徹底しています。これもお客さまが予想外に喜ばれることです。お客さまがきれいにするのを諦めていた貯水槽を予想をはるかに上回るほどきれいに清掃し、大変喜ばれたこともあります。お客さまから頼まれたことではありません。だから余計に感動を与えたのです。これもお客さまの期待をいい意味で裏切る社風を表すエピソードです。

エスバイエスは価格競争を絶対にしませんが、こうした一つ一つの積み重ねがお客さまに価格以上の価値を提供しているのです。志が同じでないとこうはなりません。

定石社長は、名刺を交換するとすぐにお礼の手紙を出しています。どんなに忙しくても徹底しています。お礼の手紙をもらった方は、「あんなに忙しいのにいつ書いたのだろう。すごいなあ」と思って感動するのです。人との縁を大切にし、感動を与えようとする定石社長のイズムが社員に伝わっているのです。

「私の給料を下げた分を彼につけてください」

ある社員が他の会社からエスバイエスに入社した時のことです。その方は結婚していたこともあり、当初の給料が前職よりも低いことが家庭の悩みとなっていたそうです。その悩みはだんだん大きくなりました。その時に、前の会社からも戻ってこいという誘いがあったそうです。半田所長と藤牧チーフが相談に乗りました。その社員は半田所長が以前からサッカーを通じて知っている優秀な人財でした。その優秀なポテンシャルを何としてもうちの会社（エスバイエス）で開花させてほしいという願いがありました。

給与面では定石社長に相談するしかありません。半田所長にとっても社長には迷惑をかけたくない気持ちが常にあります。半田所長は社長の前に立ち、自分の想いをぶつけたのです。「私の給料を下げてその分を彼に付けてもらえませんか」。

定石社長はそこで初めて事態の詳細を知りました。定石社長は即座に対応し、給料を上げました。その社員は自分の給料が上がった要因が半田所長のお願いにあったことを後で知り、涙を流して感謝していました。今では迷いなく仕事で自己実現をしています。

そして、半田所長の給料が下げられることはありませんでした。これは半田所長自身もとても驚いたそうです。しかし、これがエスバイエスなのです。その分を仕事という部分でお返しすることができるのです。また、協力会社の方も心配していたそうです。協力会社の方であってもまさに家族のようです。人として正しい人たちの集まりがエスバイエスなのです。

わからないことをそのままにしない

エスバイエスでは「わからないことをそのままにしない」ことが社風として定着しています。これがとても大切なことなのです。特に新入社員に対して徹底していきます。新入社員はどの会社もそうですが、覚えることがたくさんあります。ついわからないことが一つ二つと出てくるとそのまま流されてしまうのです。

それゆえ、何がわからないのかを明確にします。これは自分自身の問題点を明確にする訓練にもなります。そして、自分で調べる、先輩に聞く、また自分で調べるといった繰り返しで自分の技術としていきます。

その時にわき上がるのは自分自身の無意識の感情です。人はつい「見て見ぬふり」や「知ったかぶり」をしてしまいがちですが、そんなことをしても結局自分も含めて仲間やお客さまが困ってしまいます。目的は1日でも早く自分の技術にすることです。その障壁は自分の思考の癖や習慣にあるのです。

エスバイエスでは「人のせいにしない」ことも徹底しています。わからないのは「教えてもらっていないから」ではありません。自分で問題点を見つけて調べていないからです。リーダーや先輩たちは後輩たちが聞きやすいように常に心配りをしていのです。わからない点を明確にして、調べた結果わからなければ快く教えてくれるのです。

　技術の世界ですから単に教えられるだけでは身につきません。1日でも早く自分の技術にするためには、自分で考えた上で聞いてくることが重要であるとリーダーたちは考えているからです。だから、技術の習得が速い人と遅い人の差は明確なものとなります。

エスバイエスに限らず、どんな会社でも「やらされ感」「指示待ち人間」の社員では仕事の生産性は高まりません。だから、自分が当事者となって主体的に考えることを実践させているのです。

「わからないことをそのままにしない」スタンスは、個人の悩みに対しても同じように適応されます。神戸チーフはある社員の悩みを聞きました。一生懸命がんばっている社員ですが、大きな悩みを抱えていました。そして、どうすることがいちばんいいかを具体的に考え、定石社長に提案したのです。問題を放置せず、そのままにしない姿勢が貫かれています。

定石社長は「ぜひそうしよう」と言ってくれました。部下からの提案に対して否定をすることを絶対にしません。悩みというのは本人にとっては言いにくいことです。

それをまわりのリーダーが気づき、しっかりと受け止め、何とかしようと動いてくれる社風がエスバイエスにはあります。

お正月に40万円以上のお年玉

毎年お正月には社員とその家族が定石社長の自宅に遊びに来るのが恒例の行事となっています。２０１７年は元日から３日までひっきりなしに社員とその家族がやってきました。定石社長と寿美子夫人は最大限のもてなしを社員と家族に対して行います。その目玉の一つは定石社長が社員の子供さんにお年玉をあげるというものです。

定石社長が笑顔でこっそりと教えてくれました。「今年（２０１７年）のお年玉の総額はとうとう40万円を超えてしまいました」。こんな社長だからこそ社員はずっとついていきたいと思うのです。もっと仕事をがんばりたいと思うのです。

所長をはじめとするリーダーの皆さんがなぜ定石社長を目指すのかを垣間見ることができました。だから、「人財」が差別化要因を生み出すのです。

赤字になってもいいから挽回する

高い技術を誇るエスバイエスであっても、お客さまからクレームが出てしまうことがあります。その時も定石社長は部下を責めることはありません。

なぜ問題が起こったのかを当事者の社員に徹底して考えさせて、次につなげようとするのです。そして問題点に対して「見て見ぬふりをしない」ことが求められます。誰でも問題点を見て見ぬふりをしたくなるものですが、エスバイエスは違います。

「それよりも大切なのは問題点が現場から上がってくるような雰囲気を創ること」と定石社長は言います。定石社長はクレームが出てしまった社員に対して次のように言います。「失敗してしまったことを今いくら悔やんでも仕方がない。大事なのはこれからどうするかだよ。赤字になってもいいから思い切りリカバリーしてこい」。そう言って社員を送り出すのです。

社員は、クレームが出てしまった時以上のサービスを全力で提供しようとします。だからクレームを出したお客さまも最終的には「よくやってくれた、ありがとう」と喜ばれるのです。落ち込んでいた社員も喜びに感じることができるのです。

定石社長は言います。「失敗したら赤字覚悟でリカバリーを徹底させます。これでいいお客さまか否かがわかります。いいお客さまならばいつかこれをいい形で返してくれます。これでお客さまが離れてしまったら仕方がないと諦めがつきます。不思議なのはクレームがきっかけで末永くお付き合いしてくれるお客さまが多いことです」。

クレームに対して見て見ぬふりをしないどころか、赤字覚悟でリカバリーに全力を尽くす社風も強みです。その結果、お客さまの信頼を取り戻すことになるのです。目先のことばかり考えていればこうはならないでしょう。クレームすらもチャンスに変えることができるのです。

なぜそのようなことができるのか

定石社長は部下からの提案を否定することはもちろん、失敗した社員に対して頭ごなしに怒ることをしません。なぜそのようなことができるのか伺いました。

定石社長は「我慢しているんですよ。この辺までいつも出ますけれどね」とのど元を指さしながら笑って答えます。定石社長も人間です。時には言ってしまいたい時があるそうですが、そこをチャンスだと捉えてぐっと耐えるのだそうです。

「答えを言ってしまったらそれで部下は考えなくなってしまうからです。それでは本人のためにはならないし、会社の成長にもならない。自分の感情を出すよりもそちらを優先することが大事なのでぐっと我慢しているのです」。普通の経営者ならば叱責するような状況でも、定石社長は考えてもらうことを優先しているのです。

自分の感情のままに叱ってしまう経営者も多いですが、それよりも部下が自分自身で反省し、二度と同じことを繰り返さないようにカイゼンを考えてもらうことが大切なのです。

定石社長は、自分の負の感情を出すことよりも、社員の皆さんの成長の方が大切であると認識し、行動を徹底しているのです。それゆえ、あくまでも社員のために、その社員にとっていちばんいい方法を選択するのです。自分の感情をコントロールすることができる定石社長は素晴らしい経営者です。

人はより良く変わることができる

エスバイエスの社員にヒアリングをすると、定石社長への尊敬の気持ちが自然に出てきます。社員は定石社長のことを誇りに思っているのです。それだけ社員のことを思う社長の気持ちが伝わっているからです。なぜそのようなことができるのでしょうか。

定石社長は、現在からすると想像できませんが、以前は社員を怒っていた時代があったそうです。社員のことを思うあまり怒ってしまっていたそうです。しかし、ある出来事があって以来、怒ることをやめようと決意しました。

以前遅刻をした社員がいました。定石社長は遅刻に対して怒ったそうです。しかし、実は通勤途中に前の車が事故をして手当てを手伝っていたから遅れたそうなのですが、本人はそのことを言わなかったのです。定石社長はあとで理由を聞かずに怒ったことをとても後悔したそうです。「怒ってばかりいてもいいことはない」と気づいたそうです。

それ以来、社員を怒らないマネジメントにしようと決意したそうです。「自分が人にされて嫌なことはやらない」というポリシーを守り抜こうと目標を決めて自分を変えていったのです。

「朝から怒っていても、社員がその日一日いい仕事ができるとは限りません。大切なのは、社員が一日いい仕事をすることであり、怒ることでは決してないのです。社員に一日いい仕事をしてもらうことが目的なのです。社員がいい仕事をするためには、褒めたり認めたりした方がいいと気がついたのです」。

しかし、定石社長は自身のことを人を褒めるのが苦手だと分析しています（決してそんな風には見えませんが）。だから、経営計画発表会の表彰式などを活用してユニークな賞で褒めるようにしているのだそうです。「ある時、その賞状を額に入れて営業所に飾ってあったのを見てとてもうれしかったです」。

定石社長は「人はより良く変わることができる」ということを自ら実践したので

す。すべては社員のために。その姿を間近で見ている社員は定石社長を尊敬し、自分もそうなりたいと努力しているのです。

目標を明確にすること

渥美さんは若手スタッフのエースといっても過言ではない活躍をしています。しかし、初めから順調だったわけではなかったそうです。才能・魅力が大きく開花するきっかけとなったのは、1年の目標を具体的に立てるようになってからだそうです。

それまではただやみくもにがんばることをしてきたそうですが、それでは達成感が得られなかったため、渥美さん自身のやりがいも漠然としたものとなっていました。また、すべてのことにがんばるのでは、体がいくつあっても時間がいくらあっても足りないことに気がついたそうです。

「それまではがんばっているつもりでもどこか消化不良で達成感が感じられませんでした。やり遂げた感が得られなかったのです。入社して3年目から1年の目標を立てて、それにこだわるようにしました。目標を明確にすると意地でもそれを達成しようと努力することに気がつきました。そうすることでまわりの人が認めてくれるようになりました」。

渥美さんはそのように振り返りました。渥美さんは1年の目標を具体的に掲げて、それにこだわる行動をすることで見事に自分の才能・能力・魅力を発揮できるようになったのです。

また、より具体的に、より数字にしていくことも大事だそうです。例えば、「今年は自分のお客さまを10件獲得したいという目標を掲げたら、そのために１００件のお客さまに名刺と会社案内を配る必要があります。１週間に換算すると2回はお客さまと会う必要があります」といったようにです。

また、ポイントは誰からも強制的に言われたことではなく、自分で気がついた点にあります。自分で気がつける社員だからこそ、エスバイエスはノルマがなくても機能するのです。

一般的な会社をみると、若手スタッフは目標を掲げることに慣れていない印象を受けます。物事へのこだわりであったり、関心であったりする部分が非常に弱いと感じられるのは、目標を立てることとそのこだわりが習慣になっていないからだと考えられます。

人はより良く変わることができるのです。そのためには、目標を明確にすることが大切だということを渥美さんは示してくれているのです。

言い訳をしないこと

北嶋さんは2016年に静岡本社から浜松営業所に異動し、とてもがんばっている社員の一人です。北嶋さんは2016年の問題点として「ミスをした時など、時々言い訳を先にしてしまう時がある」ことを挙げました。言い訳をした後にいつも「あー言っちゃった」と思い反省するそうです。

「先輩たちは言い訳をすごく嫌います。その代わり、一生懸命にやって失敗をしてしまったとしても、しっかり自分自身が反省できればいくらでも応援してくれる人たちです」。いい会社では、言い訳をすることよりも、自分自身が気づいてカイゼン（より良くすること）することが尊ばれます。

「これからは、自分でストップをかけられるようにします。まず先に自分の問題点を明確にしていきます」。

そして2017年の目標は、スキルアップのために資格を一つ必ず取ることを掲げました。具体的に、下水道関係の資格を藤牧チーフと一緒に取りにいくと話してくれました。この資格については藤牧チーフが「僕は去年このままじゃだめだと思い慌てて勉強して取ったけど毎年一つでも資格を取っていけばそんなことにはならないと思うから、今からやっていくことを勧めるよ」とアドバイスしてくれたからだそうです。

藤牧チーフが自らの体験で感じたことや失敗したことを後輩に伝え、後輩たちはその話を大切に生かそうとする関係ができているのです。

「あいつら、すごい」

定石社長が社員から出てきた提案に対して評価する時の口癖は「あいつら、すごい」です。

エスバイエスでは社長の経営方針に基づいて、自分たちでどのように実現するか考え、実践し、チェックし、カイゼンすることが求められます。営業面でのノルマがない分、自分自身で考えることが社風となって根付いています。

定石社長は社員からの提案を絶対に否定せず、まずは必ず受け止めます。社員から思いもよらない鋭い提案が出てくることも多いのですが、その時にこうして必ず評価するのです。社員も社長の期待以上のことをしてやろうとしているのが伝わってきます。提案に対してさらに具体的にどうすればできるか考え、実行するのです。

例えば、浜松営業所の望月チーフは日頃仕事をいただいているお客さまに対して現場だけでなく、直接伺ってお礼を述べることが大事だと考え、一軒一軒自分の足でお客さまに会いに行きました。相当の労力があったかと思いますが、やり抜いたのです。その結果、お客さまからの受注がさらに増えました。

定石社長は経営計画発表会の時も「よくやってくれた。本当にすごい」と言って望月チーフをたたえていました。自ら進んで社長の期待以上のことを実践することが社員にとって最高のやりがいとなっています。それはそのままお客さまに対するサービスの質の高さにつながっています。

これは定石社長が社員を心から信じ、信頼しているからこそできることです。もし社員が失敗してもそこから巻き返す力の大きさを定石社長は知っているのです。また、社員も失敗したら巻き返すことに集中することが人として正しいことだと意識し、積極的に新しい取り組み（リスク）に挑戦しているのです。

これらは社長と社員の間に信頼があるからこそなせる質の高いコミュニケーションではないでしょうか。社長は部下の提案を否定し、信頼しない会社が実に多い中で、エスバイエスは全く反対なのです。ましてや、社員が幸せになるための制度が国になければ、「自分たちでつくってしまおう」という定石社長です。こんな社長のもとで働く社員はみんな幸せなのです。

社員を信じ、社員の考えを尊重する

定石社長はいつもにこやかで常に社員のためのことを考えている人です。目の前のことではなく、その先にある本質をいつも追究しています。「社員を幸せにしなければいけないし、そのためのことなら大抵のことは自分にとって大した苦痛にはなりません」と話します。

それが社員の一人一人に浸透し、社長の期待に応えようとする行動が強みそのものとなって表れてきます。定石社長と共に会社を支えてきた佐藤取締役、鎌田部長も想いは同じです。社員のために粉骨砕身してきました。

佐藤取締役は、夜間の緊急対応に積極的に出ます。普通、取締役といえば規模が大きくない会社でも現場に出ないことも多いのですが、エスバイエスの場合は違います。現場を大切にしているトップの姿勢を見て社員が気づくことができるのです。佐藤取締役ががんばっているから、俺たちもがんばらなくてはいけないと社員たちが思っているのです。

技術の世界で競い合うことで、高いサービスが提供できるといった相乗効果が生まれる社風なのです。

年に一度の経営計画発表会の時も佐藤取締役は現場の対応をしていました。もちろん、部下から「私が代わりに出ます」という申し出がありました。しかし、「経営計画発表会は部下がスポットを浴びる場。せっかくの機会なんだから部下が出た方がいい。自分はわかっているから」と考えて申し出を断ったのでした。

経営計画発表会では、佐藤取締役が遅れて登場しました。その時、最も大きな拍手がわき上がりました。誰もが大きな拍手で佐藤取締役を迎えるのです。はにかみながら着席する佐藤取締役が印象的でした。

鎌田部長はサンクスカードを積極的に書いて、部下のモチベーションを高めています。「いつもがんばってきたことが認められてうれしい」「まさかこんなところまで気がついてくれているのがうれしい」と社員が感じています。それにより、社員のさらなるモチベーションアップにつながっているのです。

がんばった社員が必ず褒められる経営計画発表会

エスバイエスでは毎年経営計画発表会があります。会場は静岡市内のホテルです。

驚かされるのは、社員がビシッとスーツを着て、カッコよく参加する点です。女性社員もおしゃれをして参加します。メリハリを大切にしている皆さんの姿勢がよく表れています。

営業総務部の石田マネージャーが司会をします。樋口さんは皆さんの写真撮影に大忙しです。第一部は定石社長から1年の振り返りと次年度の目標について説明があります。社員の皆さんがわかりやすいようにシンプルな言葉を用いて一つ一つをかみ砕いて説明していきます。

例えば、安全面について車の事故がないということも会社の魅力ですが、定石社長はこのように説明するのです。「事故を起こすとみんなに迷惑がかかります。保険料は高くなるし、会社の信用は落ちるし何一ついいことがありません。保険料が高くなるならその分をみんなに還元した方がよほどいいと思います。この1年はみんなに還元できたから、これからも続けていきたい。だから来年も安全運転を徹底してやっていこう」と。人に迷惑をかけず当たり前のことを当たり前にこなすことがいかに大切か社員にわかりやすく伝えています。

経営計画発表会にて定石社長から表彰を受けた天野さん

第2部は表彰式と食事会です。1年間がんばった社員が表彰を受けます。表彰は金一封が手渡しで授与されます。その時にほとんどの社員が何らかの表彰をされます。

他のいい会社と同じく、自分の働きが見える化できるようになっています。それは数値となってはっきりと見ることができます。さらにエスバイエスの特徴は、数値には表れない貢献を果たしてくれた社員に対してもしっかりと表彰をすることです。

縁の下の力持ちとして役割を果たした人、雰囲気を良くしようとがんばってくれた人、事故を起こさなかった人、人が嫌がることを率先して行った人、提案制度をがんばった人等々、表彰を受ける社員が呼ばれ次々とステージに上がっていきます。八木チーフが名前を呼ばれた時、大石さんが「ヒューヒュー」と口笛を吹きました。そうした雰囲気からもとてもいい社風であることがうかがわれます。

気がつけばほとんどの社員が呼ばれたことになります。その数の多さこそエスバイエスの特徴であり強みです。西村さんが「自分はもらえないと思っていましたが、まさかこんなところまで見ていてくれたとは。とてもうれしいです」と話してくれました。

「数字だけではない部分で貢献してくれている社員を表彰するのが実はとても重要です。仕事というものは必ず誰かの役に立っています。だから、それをしっかりと伝えることが大切だと思っています」と定石社長は言います。

　定石社長は社員同士がいいところを見つけようと日々信頼のネットワークを組んでいます。たとえ数字上で目立たなくても「社長は自分のがんばりを見てくれている」「自分のことを評価してくれている」という励みが社員のさらなるモチベーションアップと「お互いさま」の社風の構築につながっているのです。これは日頃からコミュニケーションがしっかり取れている会社だからこそ実現できることです。現場からの情報がいい点も問題点も速やかに上がってくるようになっているからです。

　表彰式の最後に見事に最高の数字をたたき出した北村チーフが社員を代表してあいさつをしました。「栄えある賞をありがとうございます。しかし、これは自分だけの力でとれたのではありません。日頃から自分を支えてくれている皆さんのおかげです。だからこの賞はみんなのものだと思っています」。

　会場から割れんばかりの大きな拍手が起こりまし

経営計画発表会にて表彰を受けた岩崎さん

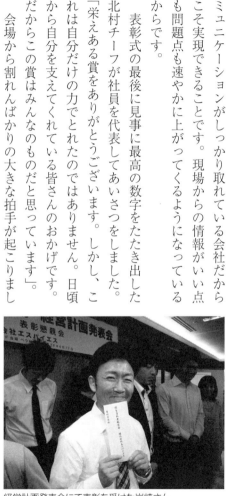

た。このようなことがさらりと言える北村チーフへの賞賛です。極めて優秀な「人財」が生み出すサービスの質の高さこそがエスバイエスの魅力であり、差別化要因なのです。

雑談の中でコミュニケーションを深める

エスバイエスでは雑談をとても大切にしています。普通の会社では雑談は無駄だと言われていると思いますが、逆転の発想で捉えています。

喫煙所でも車の中でも雑談が積極的に行われます。リーダーたちはそこで部下の言い出しにくい悩みを聞いたり、気になっていることを聞き出したりするのです。そして、自分の失敗談を踏まえてこうしたらどうだろうというアドバイスを部下のレベルに合わせてするのです。そこで部下は「気づく」のです。

さらに部下や後輩たちはわからないことを一度自分で調べてから質問するようになっていくのです。「わからないことをそのままにしない」というルールが定着する要因となっています。誰もが聞きにくいことでもそのままにすることはありません。

女性社員はお菓子を食べながら雑談をしています。その間にいろいろな相談事が出てきます。女性のリーダーたちも自分の失敗談を踏まえながら後輩たちにノウハウを伝えているのです。

部下が話しにくい内容であればあるほど雑談が効果的だと考えています。通常は、もっと真剣な場で検討するべきだという考えもありますが、それでは部下はますます言いにくくなってしまうのです。

話しにくい内容こそ重視すべきであり、かつ緊急に対応しなければならないのです。話しにくい内容だからこそ話しやすい場づくりが必要だと考えているのです。

滑原さんは次のように言います。「雑談しながらもわからないことを聞ける雰囲気がありがたいです。だから雑談はリラックスしていますが真剣です」。

それゆえ、強制的で一方的な報告・連絡・相談はありません。リーダーからの声かけや日常の雑談の中から高いレベルでのコミュニケーションを実現させているのです。

もう一つ見事なのは、雑談の後は「やる気モード」に入っていることです。メリハリがしっかりしていま

静岡本社の喫煙所にて、雑談中の様子

す。

４Ｓ（整理、整頓、清掃、清潔）の徹底とバスウォッチング

エスバイエスは、整理、整頓、清掃、清潔の４Ｓが行き届いています。通常は「躾（しつけ）」も含めて５Ｓと呼ばれることが多いですが、同社のスタッフは自主性を重んじているため必要ありません。

多くの会社で整理・整頓・清掃・清潔活動を推進していますが、なかなか定着は困難です。その要因は、４Ｓのそもそもの目的・本質を見失っているからではないでしょうか。そのそもそもとは、「ものを探す時間がいちばん無駄である」という考えです。私たちの働ける時間に限りがあるからです。

エスバイエスはその本質を大切にしています。整理・整頓・清掃のやり方について、定石社長は自らお手本を示します。エリアを決めて、ストップウォッチで計測しながらてきぱきと作業するのです。まさに率先垂範です。

さらに、バスウォッチングと称してバスを貸し切り、お互いの営業所の４Ｓの状況を見て回る活動をしています。各営業所のスタッフは負けたくないという気持ちで４Ｓ活動を進めています。各営業所同士がいい意味での競争意識が芽生えているため、

高いレベルでの4S活動を実現させているのです。最も厳しいチェックマンは会社の仲間なのです。

なお、バスの中では、気づいたことを、一人15個発表し合っています。楽しんでやれることが大事であり、数に満たないと1000円の罰金を科しているそうです。すると、知恵を絞り出し、すごい気づきが出てくるそうです。

エスバイエスの4Sのポイントは次の通りです。

・定石社長の方針と行動によって「やらなければならない」状況が作られる
・ただし「やらされ感」はなく、その先にある「楽しみ」を共感している
・場所と時間を区切って実施する
・気づきの力が磨かれる（問題点に気づく）
・段取り力がつく

ニュースレターとサンクスカード

エスバイエスでは、コミュニケーションを図るツールとしてニュースレターとサンクスカードにも取り組んでいます。

ニュースレターは会社での出来事やニュース、情報をまとめたものをお客さまに送

付するものです。お客さまからの反応も上々で、問い合わせが必ずあるそうです。

また、サンクスカードも実施しています。相手に関心を持ち、いいところに気づき、ありがとうを伝えることで相手のモチベーションを高めることができるサンクスカードは、社風にもマッチした取り組みだと言えます。

社長も所長もサンクスカードを用いて積極的に部下に「ありがとう」を伝えています。部下にとってはそのひと言がとてもうれしいのです。

いい会社ではサンクスカード等の各種取り組みが形骸化しません。なぜなら、見て見ぬふりをしないことが社風として定着しているからです。エスバイエスも例外ではなく、社員が当事者意識を持ってプロジェクトに取り組んでいます。

24時間対応なので、日頃なかなか顔を合わせることができない社員もいます。また、他部署の応援や協力会社のおかげで仕事が完遂されることもあります。そういった時に「ありがとう」の気持ちが伝えられるサンクスカードは、非常に高い効果を発揮しています。

また、仕事を教えられる側にとっても「ありがとう」の気持ちが大切になってきます。雑談の中で聞きにくかった内容の話ができた時でも「サンクスカード」の発生ポイントとなります。感謝の気持ちを伝えることは人として正しいことです。すべての行動が「人として正しいか、正しくないか」「自然か、不自然か」で判断されています。

風間さんは他の会社で活躍した後に、エスバイエスに入社しました。ベテランのノウハウを生かして社員の皆さんを支えている方です。エスバイエスについて次のように話します。「もう何十年も前ですが、いい会社で有名な伊那食品さんに行ったことがあります。社員を本当に大切にする姿勢が当時から貫かれていました。わが社にも共通するものがありますね」。

協力会社とのいい関係

エスバイエスは協力会社の社員も大切にしています。いいサービスを高い次元で提供し続けるためには、協力会社の力が不可欠だからです。

日頃なかなか会うことができない協力会社の方に対して、サンクスカードによって直接お礼を伝えて

ありがとうの気持ちが飛び交うサンクスカードとポスト（本社）

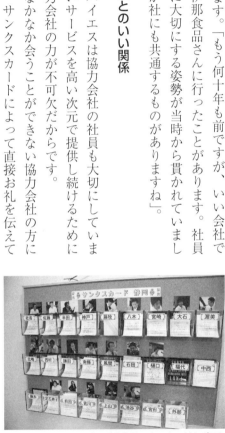

います。「とてもうれしい」という声が協力会社の社員から聞こえてくるそうです。

協力会社の中にはエスバイエスの元社員もいます。その方は、若い頃どうしても譲れない理由があって退職しました。定石社長は最終的にその方の意見を尊重しました。

その方はその後、いろいろな苦労をして再び定石社長の前に現れました。立場が変われば人も変わります。通常ならば文句の一つも言いたいところですが、定石社長はその方を外注企業として契約を交わします。定石社長は頭ごなしに否定することを絶対にしません。それがその方にとってとてもうれしかったそうです。

今では外注企業としてエスバイエスに多大な貢献をしてくれています。しかも、その方が積極的にノミニケーションの場をつくり、エスバイエスの社員をもてなしているのです。このことからもとてもいい関係であることがうかがわれます。

きらめく人財「自分にとってのエスバイエスとは」

●望月チーフ

浜松営業所を出した時、社長が「損害を出してもいいから、とにかく思い切りやってくれ。ケツはオレがふくから」と言われました。その言葉により解き放たれた感じがします。水を得た魚のように動きやすくなりました。

●北村チーフ

競い合いたいし、負けたくない。

●宮崎さん

「人生1回だから仕事だけじゃない、大切なものがあるならそれを一生懸命やれ」と社長がかけてくれた言葉と応援があったから、音楽が本気になりました。

●八木チーフ

学んだことは「社会人として」と「人を助ける気持ち」です。いろんなことに気づかされました。上司や先輩を見ていて助けなければならないと自然に思います。その人のためにがんばりたいと思うのです。

●井出さん「今ここにいることがすべて」

みんなが助けてくれたから、今ここにいると思います。1年目はとても大変でした。仕事ができない自分が嫌で車に乗った瞬間に泣いてしまったこともあります。でもやるしかない、必死でした。そんな私をまわりのみんながやさしく見守りながら助けてくれました。「見てくれている人が必ずいる」ということを富士営業所の人はわかっています。

●望月茂代さん「私が一番私らしくいられる場所」

出産で一度会社を離れたからこそ客観的に見えることがありました。専業主婦2年、パートを2年経験しましたが、楽だけど物足りない感じがしていたのです。エスバイエスに戻ってきた理由は、やりがいと素晴らしい先輩たちがいるからです。正社員で働いていた時（独身の時楽しくてやりがいを感じていた）の自分に戻りたい、取り戻したい、限られた時間の中で自分にできることを自分なりにやっていきたいと思いました。エスバイエスは子供がいる人に対してサポートをしてくれる会社です。「子供ができても絶対に会社は辞めないほうがいいよ」と声を大にして言えます。

●村松さん「人生そのもの」

仕事を怠ける人は、人生を怠けていると思います。エスバイエスとは仕事を通して楽しいこと、大変なことを仲間と共有できる場所です。だから人生そのものと言えます。本社では最初にそれぞれの先輩の車の中にどんな工具がどこにあるのかを覚えました。これがいろんな気づきにつながりました。

有給休暇制度を機能させるために

大手企業や行政機関を中心に「ワーク・ライフ・バランス」という言葉が叫ばれ、

休日や時短に関しての取り組みや各種制度が導入されるようになりました。しかし、まだまだ活用し切れていない会社も多く見られます。せっかくの制度を活用したとしても機能しない風土になってしまっている企業が多いのが実情です。

エスバイエスは制度が見事に機能する風土を創り上げています。しかも、365日24時間の営業をしていながら有給取得率100％以上を達成することができるのです。いい会社の有給休暇制度は、それを活用することによって組織全体の生産性が高まることが特徴です。

エスバイエスの社員にとって有給休暇は自分の人生を充実させ、かつ自分のモチベーションを高めるために取得するという明確な目的があります。静岡、富士、浜松の3営業所がそれぞれ助け合い、有給取得率と生産性の向上を見事に実現しているのです。

富士営業所の丹羽所長がその秘訣を教えてくれました。「自分だけでなく誰もが取れるように常に気を配り、助け合うことがいかにできるかです。時間がないからできないというのは言い訳です。忙しくてもそれは必ずできます」。

浜松営業所の藤田所長は次のように秘訣を教えてくれました。「相手の気持ちを考え、大変なことから逃げずにその先を考えられるようにしていくことです。自分だけでなくみんなが気づくことです。そのためには自分が憎まれ役になってもいいのです」。

自分だけでなく相手のことを考えて実際に行動することができるからこそ、お客さまに対しても質の高いサービスが提供できるのです。所長クラスが自ら実践しているからこそ部下にも浸透し、お互いさまの風土が醸成されているのです。まさに真のワーク・ライフ・バランスがエスバイエスにあります。

有給休暇制度の『あるべき姿』は、有休取得によって皆さんの生産性が高まるということです。有給制度もその他の各種制度も機能して初めて意味があるのです。

忘年会にて　仲の良さが自慢のスタッフ

有給休暇はそもそも社員全員が助け合うことで取得できるものです。だから、常に感謝の気持ちを忘れないようにすることが大切です。「ありがとう」「お互いさま」という感謝の気持ちがあれば仲間や仕事へのフィードバックにつながります。

有給休暇制度が機能していない会社では例外なく、「感謝の気持ち」や「相手を尊重する」姿勢が感じられない社風となっています。有給休暇制度が「当然の権利」として主張されるからです。当然の権利を主張するならば、当然の義務を果たすこと（自分の力を常に全力で出していること）が求められるのです。それが人として本来当たり前の正しい姿です。

人として正しい姿は、Give & Take（お互いさま）の姿勢や感謝の気持ちを持つことです。それが失われてしまうと、自分自身に「まあ、いいや」という甘い気持ちが生まれてしまうのです。「見て見ぬふり」をしてしまう社員があふれることで生産性が下がります。その結果、スタッフのお休みや給料が保証できなくなってしまうのです。

日ごろの何気ない「まあ、いいや」という気持ちも「個人の負の感情」です。それが大きくなると制度は機能しなくなります。

そもそも、有給休暇は皆さんのがんばりの積み重ねによって取得することができます。エスバイエスではそれが社風となっています。

有給休暇が取得できることに対して仲間に感謝し、有給休暇を消化した後は「よし、がんばろう」という気持ちになることが「人としてのあるべき姿」です。エスバイエスでは相手の立場を思いやることが徹底されています。

これから有休取得率の向上を図りたい企業の皆さんもぜひとも参考にしていただければと思います。

次の世代へ伝えたい言葉

以下の言葉は、これからの若い方々がもしエスバイエスに就職する時、どんなことに気をつけるべきかを社員が述べてくれたものです。一つ一つの言葉は人として大切なことであり、どんな会社に勤めたとしても必要とされるものばかりです。

本書を読まれた学生さんが自分の能力・魅力を最大限に発揮し、会社から人財として大切にされるためにもぜひとも役に立ててほしいと思います。

◆天野さん

・とにかく分からないことは何でも聞くこと
入社したての時はわからないことばかりなのが当たり前です。わからないことが恥ずかしいと思わずに今のうちに何でもいいから分からないことは何でも聞いて確認する癖をつけましょう。

・先輩の動きを観察して次の行動を予測する
教えてくれる先輩の動きを観察して仕事の流れを覚えることです。一緒に工事などに行き、手元作業をする時に、次は何をしてどの工具を使うなど、次の行動を予測しましょう。それにより工事がスムーズに進みます。指示を待つのではなく、常に何をするか考えることが大切です。

・同じ失敗を繰り返さないようにする

失敗をしてしまったらまた同じ失敗を繰り返さないよう、自分がどのようにすれば良いかを考えましょう。言い訳をしても何もなりません。やってしまったことはもう仕方ないので、その失敗を次にどう生かすかを考えることの方が大事です。

・メリハリを付ける

集中できていない時にダラダラと仕事をしていてもミスが増えてしまうので、やる時はやる、休む時は休む、とメリハリを付けた方がいいです。

・とにかく明るく元気で‼

新しい人が会社に入ることで社内の雰囲気も変わると思うので、新入社員が明るく元気でいてくれれば社内の雰囲気も良くなります。それが一番大事なことだと思います。

◆岩崎さん

・社内や現場でのあいさつ、言葉遣い

・まわりへの気遣い
・仕事に対する姿勢
・分からないことや疑問に思うことは自分から聞く（仕事内容に興味を持つ）
・率先して仕事をするように心がける

◆山田さん

・上司の失敗談をたくさん聞いておく
・新入社員という身分はすぐに捨てる
・会社の中はもちろん、外との関わりを大切に
・健康管理（精神論でどうにもならない）
・電話をたくさん取る

◆井出さん

・あいさつは元気よく
社員だけでなく、お客さまに対しても元気よくあいさつをすれば、お互いに気持ちが良いし、印象も良くなると思います。
・言葉遣いに気を付ける
社内だけでなく、お客さまに対しても丁寧な言葉遣いはとても大事です。

・分からないことは遠慮しないで聞く
入ったばかりなので、わからないことがたくさんあると思います。分からないことがあったら、恥ずかしいからとか迷惑だからとか思わずに、どんどん聞くようにしてください。
・優先順位、効率を考えてとりかかる
仕事の優先順位や効率を考えて毎日の業務にとりかかるようにしたら良いと思います。やらなければいけないことを書き出し、順位をつけて1個ずつ終わらせていき、終わらなかったものはなぜ終わらなかったかを考え、メモなどをして今後に生かすようにしましょう。
・まわりをよく見て行動する
手がすいた時にまわりの人に声をかけ、自分が気づいたことを率先してやりましょう。アンテナ力を高め、誰かに言われる前に行動できるように心がけることが大事です。
・有給休暇をとる
有給消化率100％目標のために、有給休暇がもらえるようになったら、遠慮しないでとりましょう。

◆半田所長

・あいさつはしっかりしよう

・いつでもどこでも整理整頓、清潔を心掛けよう

・気づきを磨こう（先輩の細やかな気遣いを見てマネしましょう）

・目先の目標を設定し、一つずつクリアしてステップアップしましょう

◆石田マネージャー

・大きな声であいさつをする（朝のあいさつからしっかりと！）

・愛情を持って仕事に接する（次の人のための仕事をする）

・美しい仕事を心がける

・まわりの変化に気がつくようにする

・スピードの速い仕事をする

◆南條さん

・あいさつをすること

・メモをとる癖をつけること

・何をするべきか、常に考えること

・分からないことはその場で聞くこと

・お客さまや話の相手が何を求めているのかを想像すること

◆理恵チーフ

・常にお客さま視点に立ち、物事を考える
・上司もしくは客先から言われたことは、すぐにとりかかる
・あいさつは、ハッキリと大きな声でする
・これから先入ってくる新入社員たちの見本になるような行動をする
・学生ではないので、仕事とプライベートのオンオフを区別する

◆宮崎さん

・元気よく
・楽しく
・自分からコミュニケーションをとりにいく
・あいさつをしっかりすること
・覚えようとする姿勢
・頑張ってください！

◆吉川さん

・周囲を観察すること

・失敗を忘れないこと
・笑顔と大きな声
・仕事には流れがあり、常にその流れをイメージする
・仕事を私物化しない
・流れが伴うことを頭に入れておく
・丁寧な仕事を心がける
・物を大事にする（整理すること）

◆恵さん

・お客さんが来たらすぐにあいさつ（笑顔で元気よく‼）
・教えられたことは素直にやってみる（受け入れる）
・〝大きな〟返事をしっかり、はっきりと
・上司がどのように対応、作業しているのか観察する
・疑問に思ったことは迷わず聞く（どんな小さなことでも）
・会社のルール（電話や雑用などを進んでやる）

◆北嶋さん

・あいさつをする

・先輩の手伝い（自分のことは後回し）
・整理整頓
・分からないことは聞く
・安全第一で

◆藤田所長

・素直であること
・責任感を持つ
・言われたこと以外でも何を相手が求めているか考えて行動する
・一つのことを途中で投げ出さない
・自分で自分を褒めない
・言い訳はしない（失敗しても繰り返さないように失敗から学ぶ）

共に未来へ

お互いを高め合い、人として認め合い、感謝し合う社風のエスバイエスでは、一人一人の社員から誇りを感じます。社員たちと接した後に感じられるすがすがしさは他の会社では見られないものです。

宮崎さんのバンド「FRONT LINE」には「ありがとう。」という曲があります。その詩には、家族への愛と共に、定石社長や会社の仲間への想いが込められています。

ありがとう　いつも　ありがとう
あの頃　僕らが涙を流すたびにその優しい手をさしのべてくれた
ありがとう　本当に　ありがとう
変わらずに　今日も　明日も
あなたがくれた幸せな日々
未来へ　共に行こう

定石社長は次の目標を述べました。「少しずつ成長しながら、10年後には100人体制の会社にしたい。また、世間からこの会社があってよかったなと思われるようになりたい」。

エスバイエスで働く人が増えることは、人生そのものの充実が図れる幸せな社員がそれだけ増えることになります。同時に、社員同士の仲の良さとメリハリを大切にする会社が世の中に増えてほしいと思います。きっと誰もがエスバイエスがあってよかったと思うことでしょう。

三興商事株式会社

社員と家族、取引先を大切に、日本一の販売実績を誇る会社

三興商事株式会社の社員と家族

社名	●三興商事株式会社
経営理念、社是	●いつも心にありがとう
創業・設立年月日	●1971年4月
従業員数	●32名（2017年4月現在）
代表者名	●代表取締役社長　嶋尻行雅
事業内容	●建築工事における施工管理、営業（取扱商品：金属屋根、外壁、固定柱脚、金属製建具、木製建具、EXP金物、体育館床、体育器具、ステンレスプール、乾式タイル、木造大断面等）
本社所在地	●静岡市駿河区中田1-5-3
電話番号	●054-283-1181

経営理念は「いつも心にありがとう」

三興商事は1971年に創業した建材商社です。「いつも心にありがとう」という経営理念のもと、社員とその家族を徹底して大切にする経営を実践しています。

社員数は30人（2016年12月現在）で、静岡市、横浜市、沼津市、浜松市に営業所を展開しています。また、「小さくても一流でありたい」をモットーとして、大手企業に負けない待遇とやりがいの実現を目指してきました。

日本一の販売実績を誇る建築資材もいくつかあります。これは、会社から大切にされている社員が自分自身の魅力・能力をいかんなく発揮し、建材商社の枠を超えた技術サービスをお客さまに提供し、高い満足度を得ているからです。

一人一人がかけがえのない「人財」だからこそ、設計事務所のイメージする設計・デザインを理解した上で最適な提案力、緻密な施工技術力・監理体制が可能となるのです。

三興商事は社員とその家族を徹底的に大切にすることで、社員は当事者意識を持ち、自ら進んで仕事へのモチベーションを高めて確実にフィードバックを果たそうとしてくれます。それが高いお客さま満足度（生産性）につながっています。

当事者意識を持った社員の生産性は一般の社員の3倍以上であると『日本でいちばん大切にしたい会社』に掲載されている未来工業の山田相談役、伊那食品工業の塚越会長は話しますが、まさにその状態を実現している会社です。

また、三興商事が大切にするのは社員とその家族だけではありません。協力会社の社員とその家族も大切にしているのです。そして、社員を幸せにするための会社の制度も常に進化しています。社員が自分たちのために提案して作っていく体制を実現しています。

「三興商事の今があるのは、お客さまの夢を実現するために自らの能力・魅力を日々最大限に発揮してくれている社員のおかげなのです。もっともっと社員には気持ちよく働いてほしいです。社員のためになることならどんどん進めていきたいです」。嶋尻社長はそのように言います。「社員は何物にも代えられない、かけがえのない存在です。誰一人として欠けてもらっては困ります」。

だからこそ、日ごろからがんばってくれている社員に対して「ありがとう」の気持ちをいろいろな形にして示しています。社員もまた「ありがとう」の気持ちを行動で示しています。会社に対して感謝の気持ちを持っているからです。

相手に感謝することが相手に尽くすことにつながります。その関係づくりができることが三興商事の強みなのです。

モチベーションを高める感謝の気持ちあふれる握手

三興商事の全体会議の場に参加した時のことです。全体会議は全社員が集まり、会社をどのようによくしていくかという目的のもとで開かれる重要な会議です。

社員一人一人が自分の意見を前向きに言っていた時です。1時間ほど過ぎてから遅れて入ってきた社員がいました。沼津営業所の原田さんです。

原田さんは「遅れてすみません」と明るくあいさつすると、あふれんばかりの笑顔で座っている社員一人一人に対して握手をし始めたのです。迎える社員もみんな笑顔で、力強く握手を返します。前田会長も、嶋尻社長も、森藤専務も、鈴木所長も輝くような笑顔で握手をするのです。リーダーも女性スタッフも新入社員も目を合わせて笑顔であいさつするのが見ていてとても気持ちがいいのです。「大変だったな」「よくやってくれたな」などの声が飛んでいます。その歓迎ぶりにとても驚かされました。

私は、原田さんが何か特別な仕事を成し遂げたからこのような握手をしているのだと思いました。ところが、聞けばこの握手は特別なことではなく、いつもやっていることだというから、また驚いたのです。

三興商事では「いつも心にありがとう」の気持ちを表現する行動の一つとして、出社時と退社時に社員全員と握手をする取り組みを創業以来45年以上続けてきました。握手にはリーダーから「昨日もありがとう。よくがんばってくれた。今日もよろしく頼むぞ」という想いが込められ、部下からは「わかりました。今日もがんばりますよ」という想いが返されます。

「この握手で想いを通わせることができる」と静岡営業所の佐藤さんは言います。前向きな気持ちを共有し、意思の疎通が図れる握手は大切なコミュニケーション方法であり、社員同士の絆を深めてくれるのです。

先ほどの沼津営業所の原田さんは自分にとても厳しい人です。そして、まわりに対して心配りができる人です。原田さんが外に出ている時に誰かが会社に来ているとわかると、帰り際においしいお菓子をそっと買ってくる「気づき」の力を持っている人です。

「いつも心にありがとう」。それが45年以上徹底され

想いを込めた握手がモチベーションを高めてくれます

ている会社が三興商事です。

社員が語る会社の魅力

三興商事の魅力を社員に一言ずつ述べてもらいました。三興商事の魅力あふれる社風が伝わってきます。

・社員一人一人が大事にしてもらっているところ

・上司が私たちのことをしっかりと見ていてくれており、がんばりを評価してくれること。だからとてもやりがいを感じる

・社員同士疑心暗鬼なところがなく、信頼できる関係であること

・会社を良くするための意見をみんなで出し合っているところ

・日常会話の中で、もう少しこうしたらいいのでは?というような小さな提案に対してもすぐに取り入れ実行に移すスピードの速さ

・社是「いつも心にありがとう」と行動指針「フェアであること　スマートであること　エンジョイすること」があること

・誰がどの仕事をしているのかわかること。自分次第で目標を達成できるのでとてもやりがいを感じていること

・日報でどんな仕事をしているのかがとてもよくわかること
・皆が同じ方向を向いていること。そして自分で考え行動することができていること
・新しい商品を取り入れた時に、皆で動こうという姿勢が常にあること。チャレンジしやすい環境であること
・自分のことだけを考えている社員がいないこと。正しい価格と利益の追求をしていること
・個人に任せてもらっていること。一人一人が経営者のようであり、責任感、やりがいを感じること
・個人の責任のもとで働けること。仕事を任せられる人が多いこと
・自分で考え行動できることがやりがいにつながる。自分で考えることをしないと評価されない
・在庫を持たないこと
・お花が植えられている花壇があること
・感謝の気持ちを忘れないこと。職人さんに対しても歓迎しているのがとてもよくわかること

グアム旅行にて楽しいひととき

・握手すること。その人がどんな感じか伝わってくる

・朝礼、会議の時に「がんばろう」と声を掛け合うこと。仲間の様子もわかり、バロメーターになる。実際に声に出して言うとがんばることができる

他の会社で同じ質問をすると、社員は「うーん」と悩んでしまうケースも多々あります。「うちの会社にはいいところはありません」という答えを聞くことも少なくありません。しかし、三興商事の社員は、即座に言葉が出てくるのです。これは日頃から経営理念である「いつも心にありがとう」を実践しているからに他なりません。また、質問をしたわれわれを楽しい気持ちにさせてくれます。社員の優秀さの証しであり、日々鍛え上げられた一騎当千の強者たちだからこそ可能なことなのです。

いつまでもこの会社で働きたいと思っている女性社員

三興商事を訪れると、静岡本社は山田さんと岩崎さん、横浜営業所は森藤さん、沼津営業所は島田さん、浜松営業所は原田さんと、女性社員の皆さんがとびきりの笑顔で迎えてくれます。

建築資材を営業販売し、建物の工事を完成させる仕事をしている会社に女性スタッフの活躍の場があるのは不思議に思うかもしれません。しかし、三興商事の女性ス

タッフは男性にはない感性を生かしてより質の高い仕事につなげています。

例えば、細かな書類のチェックであったり、スケジュール管理であったりといった部分を苦手にしている男性社員は少なくありませんが、女性スタッフが確実にフォローすることでお客さまの信頼もより高まっているのです。

子育てをしながら働いている女性社員にとってフレキシブルに働く時間を調整することができる環境が整っていて喜ばれています。沼津営業所の島田さんは「本当に良くしてくれるので会社には感謝しかありません。フレキシブルに時間を調整することができてありがたいです。自分が足を引っ張らないようにがんばらなければなりません」と言います。山田さんは「こんなに自分と家族を大切にしてくれる三興商事でいつまでも働きたいです」と言います。

浜松営業所の原田さんは「もっと役に立ちたいし、どうすればよりいい仕事ができるか考えています。もっと連携しなければいけないと思います」。そのように笑顔で話を

女性社員も参加する全体研修

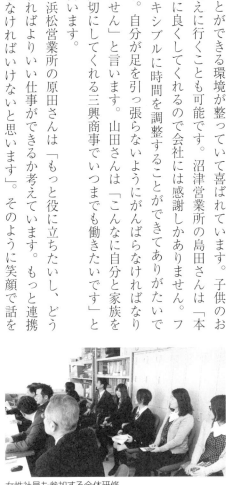

してくれる女性社員たちはとても大切な宝です。

三興商事の女性スタッフが普通の会社の女性社員と違うのは「受け身で仕事をしていない」ということです。自ら積極的に人の動きを見極め、先回りした行動や声かけをし、確実にフォローをしているのです。

「大変なのはわかっていますし、易々と言ってはいけないことなのかもしれませんが、子育てが一段落したらぜひ営業の仕事に挑戦したいです」と山田さんは笑顔で言います。

営業の仕事はまさにお客さまのかゆいところに手が届くような気づきが必要であり、まさに自分自身の最高の能力が求められるとても大変な仕事です。それにあえて挑戦したいというのです。さらなるやりがいを感じたいと思っているのです。

山田さんだけでなく島田さんも原田さんも岩崎さんも自分の可能性に挑戦したいと考えています。全体会議にも積極的に参加し、どうすればよりいい会社がつくれるか、よりいい仕事ができるかを考え実践しています。そのような女性スタッフに支えられ、その魅力を生かしていることが会社の強みとなっています。

かつての女性社員は結婚して退社することが当たり前の時代があったそうですが、現在は末永く働いてもらうことが大切であるというように方針が定められています。

「これからも女性社員がいつまでも働ける会社づくりを全社員で作っていきたいと思います」と嶋尻社長は話します。

日本一の実績がある会社

三興商事は「商事」という名称が付いていますが、外壁や屋根などの建物の素材の販売だけでなく、設計の補助から現場監理までを請け負う会社です。建物を設計する人たちのイメージ通りの建物を創ることを信条としています。

お客さまとなる設計事務所の方々やメーカーの満足度も高いのは、設計者のイメージを徹底して共有し、理解し、最適な提案を実現できるからです。まさに、かゆいところに手が届くサービスを実践しています。電話一本でお客さまのところに大至急向かい、お客さまのための気配り営業が展開されているのです。もっと言えば、電話がなくてもお客さまのところを訪問するのです。

三興商事は日本一の販売実績がある建築資材がいくつかあります。しかも、価格競争をしません。営業のスタイルは、町田市にある「でんかのヤマグチ」と共通する部分があります。

でんかのヤマグチは、日本一パナソニック社のテレビを売っている販売店です。しかも、量販店の2倍近くの値段で売ることができる会社です。スタッフの数はおよそ40人でありながら、圧倒的な実績を誇っているのです。その秘訣はお客さまとの日頃からの関係づくりにあり、お客さまからの電話ならば電球1個の交換でも即対応します。

お客さまのことを思い、お客さまのためにかゆいところに手が届く提案営業を展開しているのです。そしてそのような関係が構築できる社員をとても大切にしています。

三興商事も社員をとても大切にしています。自ら進んでお客さまと関係をつくることができる「人財」を育成しています。建物を創る仕事はとてもダイナミックですが、社員は最初から最後まで徹底的にお客さまのために尽くします。

お客さまの声を紹介します。「関わる業者が施工者側の選定のみだったりすると設計者の思いと違う建物になってしまうことがしばしばあります。三興商事は設計者と最初の段階から打ち合わせをし、理解を深めた上で最適な提案をしてくれることでイメージ通りの建物ができます。とても感謝しています」。

また、次のようなお客さまの声もあります。「設計計画段階から提案を積極的に行っていただき感謝しております。たとえ結果につながらない案件でも対応をしてもらっており、とても助かっております」。

たとえ成果につながらない案件でも積極的に対応できるのは、目先のことだけにこだわらない「人として正しい部分」を常に追求しているからこそです。誰もが目先のことにこだわってしまう風潮の中で、三興商事は本質を大切にし、決してぶれることはありません。それが差別化につながっているのです。

そのような人財はいかにして育成されていくのでしょうか。

人はより良く変われる

浜松営業所に新太郎さんという方がいます。三興商事の生え抜きのエースであり、お客さまからも社内からも一目置かれる存在です。

新太郎さんは物事の本質を常に考える習慣が身についている人です。以前、「若者の雇用のミスマッチ」について話が及んだ時、新太郎さんは次のように答えました。

「まず大事なのは、その会社で力を出し切って仕事をしているかどうかです。それができて初めてその会社が自分に合っているかどうかの判断ができると思っています。どんな人も自分の実力を発揮するには時間がかかりますし、簡単なことではありません。でも、それができなければ、どんな会社に行っても同じだと思います」。

この言葉を聞いて、多くの学生さんや若い世代の人に伝えたいと思いました。まさに本質を突いた話だからです。

おそらく、会社を退職する若者の多くは、自分の実力を発揮しないまま去っていることでしょう。新太郎さんはそれでは勿体ないと言っているのです。

新太郎さんは続けます。「だから、雇用のミスマッチという言葉を軽々しく使うのはおかしいと思います」。

人生において自分の能力と魅力を最大限に発揮する場はそうそうあるものではありません。多くの人にとってそれは仕事になります。そして、そもそも仕事は誰かの役に立ち、自分の人生を充実させるためにあります。だから、もっと仕事を前向きに考えるべきだと思うのです。

若者は、あまりにも仕事に対して負のイメージにとらわれすぎているのではないでしょうか。自分の能力・魅力を発揮せず、仕事や会社の本質を知らずに辞めてしまうのは非常に勿体ないのです。

ぜひ学生の皆さんはいい会社を見抜くための眼力を養い、入社したら先入観を捨てて自分の能力・魅力を最大限発揮できるよう努めてください。必ずや将来につながる気づきが得られることでしょう。その上で本当に自分に合っているかどうかを判断するべきでしょう。

新太郎さんには鳴海さんという直属の部下がいます。鳴海さんは新太郎さんをまるで兄貴のように慕っています。

新太郎さんは鳴海さんをこのように紹介してくれました。「自分の若い時を見ているようで楽しいです。自分もモチベーションが上がります。実は先日、彼は大きな失敗してしまいましたが…」

その日の鳴海さんはいつになく落ち込んでいました。笑顔が似合う鳴海さんからは想像できないほどの落胆ぶりです。彼はその理由を教えてくれました。

「実は私の思い込みによる確認不足で大きな失敗をしてしまいました。新太郎さんに『なぜ失敗したか自分なりに考えろ。絶対に人のせいにするな』と言われました。失敗した理由は単純です。私が先方に確認が取れていたはずだと思い込んでしまい、最終的な確認をしなかったところに原因があります。独りよがりの判断ではいけないということをあらためて学びました」。

確認ミスは誰にでも起こりうることですが、多くの場合思い込みによる判断ミスが原因です。鳴海さんはそのことに気づいたのです。

三興商事全体のことを考えると、この時リーダー同士が連携してすでにリカバリーのための手を回し、すぐに信頼を回復できるような手段が取られたそうです。このような素早い助け合いが実践されているのも社風を表す一つです。

新太郎さんが言いました。「これから彼を連れて晩ご飯でも食べてきます」。

失敗した場合でも決して人のせいにせず、物事の本質を「なぜなぜ」と考えることが徹底されています。それをできる社員がぐんと突き抜けて自分の能力・魅力を発揮できるようになるのです。

失敗した時だからこそ真の原因追及が大切なのです。だからスタッフがお客さまの要望から大きく踏み外すことはまずありません。価格競争をしなくてもお客さまから圧倒的に支持されるのです。その源は「人財」にあります。

新太郎さんと接していて感じることは「物事の本質をどこまでも追求する」という思考が習慣化されていることです。つまり、「なぜそうなるのか」と常に考えているのです。

そして、つくづく実感するのは、優れた人財は「地頭《じあたま》がいい」ということです。この「地頭がいい人」とは、「仕事を進めるために必要なことを自分で考えられる力」のことです。決して学歴だけではわかりません。

地頭の良さは三興商事の社員全員に認められます。それを常に生かし、仲間やお客さまのために力を尽くしているのです。新太郎さんは象徴的な人です。地頭がよく、かつ、自分の能力・魅力を常に最大限に発揮しようと努力しているのです。

ところが、新太郎さんも初めからそのように行動できたわけではなかったそうです。今の姿からは全く想像できませんが、若い頃は相当のやんちゃをした人です。入社してからもしばらくの期間はやんちゃぶりが抜けなかったそうです。出社拒否に近い状態になってしまったこともあったそうです。

それでも鈴木所長をはじめとして彼の能力・魅力を最大限に発揮させようと支えてきました。まるで現在のように活躍することを見越していたかのようです。

新太郎さんは入社して数年たった頃に、一つの建材商品を徹底して売るようになりました。それによって次第に頭角を現すようになってきました。最終的に、その建材のことなら社内社外問わず誰にも負けないと言えるところまで自分を高めていきました。これは、まさに冒頭の話にある「自分の能力・魅力を発揮している状態」となったのです。

「一つのことをとにかくやり遂げようと目標を決めて徹底したことが自分に自信を与えてくれました」と新太郎さんは振り返ります。さらに飛躍するきっかけとなったのは結婚だったそうです。守るものができて持っていた能力・魅力がより大きく開花したのです。お客さまがどんな点に困っているのかを会話の中から感じ、気づき、最適な提案をする力に一層の磨きがかかりました。

新太郎さんは言います。「大切なのは人の道を外さないことです。すべての道はあいさつに始まり、あいさつに終わります。どんなに今芽が出なくても、あいさつだけはしっかりするべきです。あいさつだけでも日本一が目指せるのですから」。

その生きざまは人には無限の可能性が秘められており、目標を決めてがんばれば人は変われるということを示してくれています。そして、今だからこそ声を大にして言いたいことがあるそうです。「ここまで我慢してくれた社長や所長にありがとうの気持ちを忘れないようにしています」。まさに経営理念の「いつも心にありがとう」です。

浜松営業所のトップである鈴木所長も社員を大切にする同時に、家族も大切にしています。卓球の選手としても名を馳せ、スポーツマンシップが染みついているような人物です。息子さんとは一緒にお酒を飲みに行くほどの仲だそうです。このような親子関係を築けるのもとてもうらやましいものです。

自身の子育てについて次のように振り返りました。「今は両親が仕事を休んで入学式や卒業式に参加するのが当たり前の時代になりました。私はそれを否定するわけではないですが、うちの家庭では息子の入学式でも卒業式でも私が会社を休んで行くことはありませんでした」。

学校行事に参加することはほとんどなかったそうです。それでも息子さんとお酒を飲みに行ける仲になれる秘訣はどこにあるのでしょう。鈴木所長は次のように教えてくれました。「自分が休みの時は息子の話をとにかく関心を持って聞きました」。

これはまさに傾聴のスキルそのものです。関心を持って聞いてくれる人には話しやすいものです。一方的に自分の意見だけをまくしたてても相手のためにはならないのです。これは、子供も大人も同じであり、傾聴のスキルは人との関係を創る上でとても大切な役割を果たすのです。

その息子さんが２０１７年の春から三興商事に入社しました。これもまたうらやましいことです。息子さんにとって三興商事という会社が魅力的に映っていなければ入社したいとは思わないでしょう。父の背中を追い、追い越そうとする気持ちが伝わってくるようです。ぜひ息子さんも「人を大切にする経営」の神髄を学び、これからの仕事に役立ててほしいと願わずにはいられません。

浜松営業所の社員も向いている方向は同じです。「自分はみんなのことをとても大切に思っています。ただちょっと表現するのが苦手なのです」横山次長はそう言って笑いました。

　大沢さんはサービス精神旺盛で明るく振る舞うことができる人です。その大沢さんが井上さんのことを「自分にないものを持っている人です。わからないことは納得するまで自分でとことん調べるところがすごいと思います。今の自分は教える立場だけど、教わっていることも多いです」と紹介してくれました。

　井上さんは異業種からの入社でしたが、持ち前の地頭の良さと前職のサービス業の経験を生かしてめきめきと頭角を現しています。井上さんは若い世代に向けて次のようにコメントしてくれました。

「私は全くの未経験からの挑戦で不安もありましたが自分に明確な目的があれば大丈夫です。目的に向かって自分ががんばれば会社は十二分に応えてくれます。入社当時は初めてのことばかりで覚えることがとても多いのですが、新しい知識が自分の中で増えていくことはとても楽しいことだと気がつきました。ゼロからモノを創り出す仕事は毎日が新鮮でワクワクします。成功にはリスクが付きものですが、三興商事はリスクに果敢に挑戦することを応援し、評価してくれる会社ですのでとてもやりがいがあります」。

「あなたにとっての三興商事とは」

三興商事の社員の皆さんは、一つの質問に対してこちらの期待以上のコメントを残します。これは相手にそれ以上の喜びを感じてもらおうとする社員の気持ちの表れです。そういった社員だからこそお客さまに喜ばれ、サービスが提供できるのです。

◆静岡本社のサムライたち

静岡本社を支える社員も自分に厳しく、常に最高のパフォーマンスを発揮しようと尽力しています。斉藤所長はユーモアのセンスと物事の本質を突く鋭さの両面をもっています。嶋尻社長は、斉藤所長のことを次のように表します。「とても責任感が強く、常に一生懸命なところがいちばんの魅力であり、いつも私の気がつかないところを先回りしてフォローしてくれて助けられています。困った時に振り向くといつもいてくれる存在です。とても頼もしく大切な人です。『いつもありがとう』と伝えたいです」。

斉藤所長にとって三興商事とはどういう会社か聞いたところ、「大事な、重要な、大切な組織」と答えてくれました。

「三興商事は、自分が生きている中の空間であり、場所であり、時間そのものです。

いい仕事をして、いい人生を送るために『何のために』という本質を常に問いかけることが大切です。認めてもらいたいという気持ちが自分を支えています。いかにわかってもらえるか考えて行動してきたことが自分を高めてくれたと思います。常にまわりに気を配り、責任を持って行動するようにしています。自分がよくなれば会社もよくなります。会社がよくなれば自分もよくなります。30代半ばの頃、ある人に『自分の人生を設計しなさい』と言われてから真剣に自分の人生を考えるようになりました。自分の人生を肯定できるか、これでいいと思えるように、人との出逢いや縁を大切にしていくことが重要です」

栗田主任は「生きる」と答えてくれました。

「自分の人生の真ん中に三興商事があります。自分が生きている中で当たり前の場所となっています。キャリアも対人関係も日々勉強させてもらっています。「仕事」と「家庭」は同じだけ重要です。楽しいけれど大変で、大変だけれど楽しい仕事です。そして家族のために働くことが自分を高めてくれています。仕事では自分のコントロールが及ばないところで理不尽な思いをすることもありますが、その体験があるからこそ自分を高めてくれたと思います。どんなことでも前向きに、プラスに変えられる思考の力が必要です。そして、同年代の仲間の存在も大きいと思います。会長、社長、所長のそれぞれのあり方を理解して行動するのは大変ですが、お客さまのかゆいところに手が届く仕事をすることにつながっています。学ぶことばかりです」。

森下主任は「教育の場」と答えました。

「常々教育の大切さを感じております。現在の教育に不足しているものは、社会に出て役に立つ人の育成だと思います。社会に出てから躾（しつけ）を教えるのは本来おかしなことだと思います」。

佐藤さんは「ゆっくり動いている大きな船、電車」と表現します。

「日々少しずつ前進しているのが三興商事です。だから、自分も日々成長することが求められます。自分が駆け足で行けば追いつくことができますが、そこで気を抜くとまた置いていかれるイメージです。休んだら走り、走ったら休むといったメリハリがあります。いつか操縦席に行けるようにがんばりたいです」。

山田さんにとっては「家であり居心地の良い会社」だそうです。

「両親が『良い会社に入ったね』と言ってくれたことがとてもうれしかったです。『やめちゃだめだよ』と言って子供を見てくれます。大手企業に負けないところは、社長との距離が近いこと、お給料面で恵まれていることです。そして『握手』がモチベーションを高めてくれます。前の日に何か嫌なことがあっても、次の日の朝から握手をします。その人と自分自身と向き合わなければならないですが、自身の成長につながっています。この習慣は社長がいなくても徹底していることですが、継続していることはいい会社の条件だと思います」。

高林さんは「社員同士の距離が近く、ふれあいを大切にしている」と話します。「社長との距離が近く、話がしやすい会社であることが魅力です。意見をたくさん聞くことができるし、すぐに自分のものにできます。大手企業に負けないところがたくさんあります。会社の雰囲気、家族のような社員、休日や給料といった制度面の充実、やりがいの大きさ、建物が完成した時の達成感などです。仕事をする環境として常に前進している会社です。入社したての新人さんに対しては、数カ月で楽しいこと、うれしいことなどの自分なりのやりがいを聞いてそこを伸ばしていきたいと思います。楽しいこと、うれしいことが一つでもあればがんばれる会社だからです。人間関係で工夫していることは、成功した時も失敗した時でも一度冷静になることです。自分と同年代か若い世代は、人からの指摘が苦手な人も多いですが、もし怒られてしまったとしても『自分に言ってくれるアドバイスなのだ』と思えばいいのです。ありがたいと思えるようになれれば、仕事も一歩進むことでしょう」。

岩崎さんにとっては「社員、職人さんの家族までファミリー的な温かい会社」だぞうです。

「三興商事は大手企業に負けない魅力がたくさんあります。社員だけでなく、協力会社に対しても大切にする姿勢が貫かれています。ファミリー的なところや待遇面は大手企業以上です。私は仕事をする上で『先を読む』『予測して準備をする』ことを心がけています。会議中に隣の部屋の話し声がなんとなく聞こえてくるので、もしかしたらこの資料が必要かもしれないと先読みして準備をしています。それが『スピーディーに対応する力』になっています。『速いね』と言われることがとてもうれしいです。また、わからない時はそのままにしないで聞くことが大切です」。

◆沼津営業所のサムライたち

岸所長は「学校」だと語ります。

「まさに大人になるために、その年に応じたことを学んでいける場だと思います。研修や他業種交流も充実していますし、多くのことを学ぶことができます。すべてが尊い経験であり、学びであると感じています。しかし、一方的なやらされでは全く身につかないと思います。自ら進んで学ぼうとする姿勢が重要です。自分はこれからも学んでいくことでしょう。そういった方ならば三興商事で活躍できると思います」。

佐藤次長にとっての会社は「生業」だと言います。

「生業とは、生きるための手段として営んでいる仕事（使命）のことでもありますが、いい意味で人生を充実させるために仕事を前向きに捉えることです。いい仕事をしている人というのは、肉体や精神的な疲労のために仕事をするのではなく、喜びと安心感を得るために仕事をします。そのためには休息も大切です。仲間やお客さまや会社のためにがんばり、自分自身の休日も充実させることで相乗効果が図れます」。

渡辺さんは「家族」と表現しています。

「生活するための基本となる最小限の組織であり、居やすく、居心地が良く、楽しんで仕事ができる環境です。自分にとって家族は最大限の力を発揮させてくれる存在です。『家族』のためにと思うからこそ、１００％の力を出したいと思うのです」。

原田さんは、「パートナー」になりたいと話します。

「自分は必要とされる人間になりたいです。会社、上司からの評価をよりいいものにしたいです。今、工事から営業に変わり、いろんなことを考えてしまい眠れなくなってしまう時もあります。人から教えてもらってもう少しポンポンと階段を上っていきたい気持ちもありますが、一歩一歩自分でやっていくことが自分の力になると信じてがんばります」。

小川さんにとって、会社は「自分が働く場」だそうです。

「自分が働く場として、生活していくための場として考えて入社をしました。三興商事を選んでよかったと思います。自分自身の裁量で価値が上がったり下がったりする点は大変ですが、やりがいにつながります。お客さまには価格以上の満足度を与えられるようにがんばりたいです」。

島田さんは「成長の場」と言い表します。

「覚えることだらけで吸収していかなければ仕事にならないけど、その都度成長しています。『チャレンジして乗り越える』その機会を与えられていると思います」。

森藤専務は、会社は「家族」だと話します。

「家族に誇れる、自慢できる会社にしたい。社員旅行はいつもがんばってくれる方々への恩返しです」。

◆浜松営業所のサムライたち

鈴木所長は、「人生」と表現します。

「三興商事は自分の人生そのものです。ある意味、家族よりも長い時間を過ごしている訳ですから、すべてが自分の人生と家族のために大切な時間であると考えています。そして、世間と付き合いができる拠点としてもとても大切です。自分の体験からですが、仕事の速い人と遅い人を比べた場合、仕事の少ない人に限って仕事が遅い気がします。仕事が少ない人は、自分の限界を勝手に決めて、自分をより良く変えようとしてこなかったためだと思います。これからの若い人は、自分で自分の限界を決めず、大いにリスクに挑戦してほしいと思います。三興商事はそういう社員を高く評価する会社です。以前三興商事にいた社員がライバル会社にいってしまったことがあります。その時は本当に悔しかったです。しかし、その後、三興商事は本当にいい会社だったとその人から言われてとてもうれしくなりました」。

横山次長にとっては、「神輿を担ぐ人間が同じ方向を見ている会社」だと感じるそうです。

「これまでは『個人商店』の集まりのようなイメージの会社でしたが、少し前から組織として力を合わせるステージに入ったと思います。今、会社は良い方向に向かっていると感じています。人の育成面では良いところを見て、伸ばすようにしていきたいです。また、仕事をこなすだけではだめだと思います。作業になってしまい面白くないし、成長もありません。本人の能力を発揮することが求められますが、それはどんな仕事でも同じです。三興商事は社員が失敗しても未来を見てステップアップをさせている会社です」。

新太郎主任は、「自分の力量を試させてくれる会社」だと語ります。

「振り返ってみると、自分には二つのラインがありました。自分ができると思うライン（3～5年）と人が認めてくれるライン（10～12年）です。人によっては段階を踏んで成長すべきですが、自分は同じ商材を売り続け、やり続けることによって自信がつきました。認められる立場を作るためには、ある分野にかけて会社で1番になることです。そして、全国で1番になることです。自分がこの商材を育てたという自負がやる気そのものにつながります」。

大沢さんは、「自分の主張を言えて、チャレンジできる。世の中に自分のアイデアを発信できる会社」と誇ります。

「三興商事は個人の能力を生かしてくれる会社であり、やりがいを見つけることができる会社です。自分の意見、意思を尊重してくれる会社であり、人を思いやる気持ちにあふれている会社です。自分の家族も大切にしてもらっていてとてもありがたいです。だから、逆に自分もそれ以上に相手のことを尊重しなければなりません。仕事を通じていろんな人に出会っています。相手に関心を持ち、お客さまのために動けるように考えることが必要です」。

鳴海さんにとって、「会社は『エキスパートの集まり』であり、自分も早くその中に入りたい」と思っています。

「三興商事はエキスパートそれぞれに得意なこと、不得意なことがあり、お互いをカバーしている会社です。先輩の新太郎さんはいつも複数のことを同時に考えていて本当にすごいと思います。指示の出し方もとてもわかりやすいです。自分はどちらかというと、一つのことを順番通りにやるタイプですので、とても勉強になります。新太郎さんとは仕事だけじゃなくいろんな話ができます。自分ががんばることができる要因です。『学校と会社の違い』は、バイトであれ、派遣であれ、お金をもらうのだから「対価」を得るには責任が必ず伴うということです。これから入社する若者にメッセージがあるとすれば、とにかく辞めないで続けてみれば必ず道は開けるということを伝えたいです。すぐにやめてしまうのは勿体ないのです。理解するまでやってみてからの判断なら仕方ないですが、数カ月では自分に合っているとか合っていないとか言えないと思います。それは自分の能力を発揮することから逃げているだけです」。

井上さんは「何事も勉強の場」と話します。

「三興商事は、自分自身の鍛錬の場であり、自分磨きの場です。おかげで成長をさせてもらっています。人として当たり前のことを忘れかけていたと感じることがとても多いです。『人としてのそもそも大切なものは何か』を常に問いかける意識を持つことが重要です。一人では何もできない仕事であり、協力してくれる方々の力を上手に借りて進めていく仕事です。また、適度なストレスが自分を成長させてくれています。会社に行くことも、覚えることも楽しいです。これからの若い方に向けて、自分は向いてないと思っても大丈夫です。自分の心がけによってそれらは変えていくことができるからです」。

最後に原田さんはこう表現しました。「苦手なことを克服する場。勉強する場」。「三興商事に入社してから自分自身を冷静に見ることができるようになりました。本来私は自分から発言すること、表現することは苦手でした。今はそのような機会、練習の場を与えてもらっていることで新しい自分を見つけることができました。大変なことを乗り越えるための心得として『責任感』とは、『期日を守る』『約束を守る』ことだと感じています。いろいろ模索していく中でそれが自分のスキルになっていきます。大切にしているのは、もっといいやり方があるのではないかと、自分で見直しをすることです。どうやって効率よく回すか、仕事の流れ、つながりを考えて行動できるように目指しています。これが最終的に自分ためになります」。

一人一人があるべき姿を明確に

三興商事の社員は一人一人が「あるべき姿」を明確にしています。全体会議の時では誰もが自分の意見を述べます。ある時、「お客さまに対して日ごろどんなことを心がけていますか?〇〇〇に入る言葉を考えてください」と聞いてみました。

驚いたのは、次のような言葉が社員一人一人に聞いた瞬間に出てきたということです。

建物をつくるお客さまの夢を実現する実働部隊、お客さまにとって一心同体で作品を形にできる良き理解者、代弁者、右腕、分身、味方、相棒、仲間、パートナー、社員、恋人、アイドル、アドバイザー、相談役という言葉が次々と出てきました。

次に、お客さまが困られた時に一番必要なことをする応援団、打ち出の小槌、かけこみ寺、百科事典、デパート・複合施設のような存在でありたい、知りたいことを大きくフォーカスする虫眼鏡のような存在でありたい、お客さまに常に寄り添い、ベストの方法を提案し実行する会社でありたい、といった言葉が述べられました。

普通の会社ではここまで具体的に言葉が出てくることはないでしょう。逆に言えば、三興商事の社員は日頃からこのような気持ちでお客さまに接しているからこそ出てくる言葉なのです。

具体的な「あるべき姿」を明確にイメージしてお客さまと接しているからこそ、同業他社よりも優れたサービスが提供できるのです。だから、お客さまから格別に喜ばれるのです。

がんばった分だけ正当に評価

いい人間関係、そしていい会社を構築する源は質の高いコミュニケーションであると三興商事は考えます。質の高いコミュニケーションとは、情報の伝達、連絡、通信のやりとりだけではなく、「ありがとう」に基づいた意思の疎通や心の通い合いです。

さらに、社員のがんばりに対する会社からの報酬も、会社からの報酬に対して社員の皆さんがさらにがんばろうとすることも質の高いコミュニケーションとして大切にしています。

「小さくても一流でありたい」

これも大切にしているモットーです。大手企業以上のやりがいと報酬が感じられる点も三興商事の特徴です。それゆえ、がんばってくれた社員を公正・公平に評価することで本質的なモチベーションを高めています。成果とプロセスを可能な限り「見える化」していますので、他の会社でよく聞くような「がんばっても報われない」「何をやっても評価されない」ということはありません。

三興商事では「通信簿」と呼んでいますが、これは誰もが見ることができます。それにより社員の誤解や間違ったイメージを植え付けなくて済むのです。がんばった社員は賃金やお休み等の待遇面のアップはもちろん、会社からの「ありがとう」の声、お客さまからの「ありがとう」の声がたくさん集まっています。その正しい循環がさらにモチベーションを高めてくれます。また、新入社員に対しては少しずつでも確実に実績を残し、自信につなげられるよう先輩社員たちが想いを込めてフォローしてくれます。

浜松営業所の大沢さんは「自分がとても苦労したので、これからの人には同じ思いをさせたくないです」と言います。相手の立場になって考え、サービス精神が旺盛で気遣いができる人です。自身が苦労した体験をこれからの人にはさせたくないという気持ちで仕事のノウハウを教えることは後輩社員にとって何よりもありがたいことでしょう。

毎年リフレッシュ休暇5日と5万円を支給

三興商事では社員に対して毎年リフレッシュ休暇5日（最大9日間）と5万円の支給を実施しています。お休みは前後の土日を含めれば最大9連休です。

リフレッシュ休暇は多くの会社で実践されていると思いますが、珍しいのは5万円のお小遣いを支給することです。これも社員とその家族を徹底して大切にする会社ならではの取り組みです。

お客さまから褒められ、必要とされ、役に立つ仕事をし続けるためには、常に自分自身の人生を充実させていることが大切になってきます。あらゆる感性を磨き、あらゆる事柄に対して関心を持ち、常に高いレベルでの気づきが求められるのです。そのためにも、充実した休みを取り、かつ、人生を充実させることで培われていきます。感性を磨くためにもいい休日を過ごすことがとても大切になってきます。

家族で小旅行に行くのも良し、おいしい物を食べるでも良し、趣味で欲しいアイテムを買うでも良し、社員とその家族の人生がより一層充実したものとなるために会社からのバックアップを充実させています。

休日と仕事の質の高さは連動し、より高ければ高いほど大きな相乗効果を生み出すといった真のワーク・ライフ・バランスの実現を目指しています。もちろんリフレッシュ休暇は誰でも取得できます。

今、政府が進めている働き方改革の一環である「プレミアムフライデー」が話題になっていますが、三興商事ではそれよりも早く社員のための制度を作り、モチベーションアップを図っていました。

嶋尻社長は言います。「プレミアムフライデーも早く帰ること以上に賃金上昇が実現できなければなりません。そうしないと消費拡大は見込めないからです。うちの会社ではお休みと消費をセットで考えています」。

まさに本質部分です。休みを取ることと消費をセットで考え、より質の高い休日を取ってもらうことを目指しています。

各種資格取得へのバックアップ

三興商事では、社員の資格取得を全面的にバックアップしています。

日々の仕事が忙しい中で資格取得のための時間を捻出することは大変ですが、社員の多くが自らの能力を高めようとがんばってくれています。栗田主任はさらなる自己実現のために忙しい中で資格取得のための時間をやり繰りし、挑戦しています。

資格を取得するために専門学校に通う社員もいます。これは時間だけでなくお金もかかることです。せめて費用の部分だけでも社員の負担を軽減することができないかと考え、金銭的な部分を全面的にバックアップしています。誰もが1日24時間という条件のもとで生活しています。いつもお客さまから「ありがとう」と感謝される仕事をしている社員は時間の使い方もとても上手です。

資格を取ろうとする意識の高さと時間のやり繰りが新たな知恵を生み出すきっかけとなり、より質の高い仕事と充実した人生の実現につながっているのだと考えています。

社員やその家族と一緒に海外旅行へ

社員がいい仕事をしてお客さまから評価されるのは何と言っても家族の理解と支えがあってこそです。だから、三興商事では社員とその家族の幸せを実現することはとても重要だと考えています。

その証しとして毎年1回、社員とその家族と一緒に海外旅行に出掛けます。社員と家族のいい笑顔が「ありがとう」の言葉をより深めます。社員の幸せが家族と共にあることが会社の喜びなのです。それこそがよりいい仕事、そしてよりいい人生が送れることにつながります。

また、旅行には日ごろお世話になっている職人さんたちも一緒に行きます。職人さんたちは制服の色が違うだけの

ハワイで社員の結婚式に参列

社外社員です。日々がんばってくれている職人さんたちに対して「ありがとう」の気持ちを込めています。

職人さんたちと一緒に笑い、楽しむことでさらにいい仕事ができるようになります。お客さまの喜びが社員の喜びとなっています。

社員の家族との食事会

三興商事では社長や専務、所長と社員の家族と定期的に食事会を開き、積極的にコミュニケーションを取っています。お互いの相互理解を深めるために実施されています。どんな家庭でも日々生活していれば教育や介護の問題が必ず起きますが、困った時はお互いさまの精神で情報を共有し乗り切るようにしています。

社員のお子さんをみんなで面倒見るような社風ができています。そういった関係づくりがスタッフの強みとなって現れます。

台湾旅行での楽しいひととき

家族、お客さま、職人さんにチューリップを配布

三興商事ではチューリップをイメージフラワーとしています。チューリップの花言葉は「思いやり」「理想の恋人」「博愛」「名誉」であり、経営理念である「いつも心にありがとう」や社員が心がけている行動にぴったりの花だからです。

社員、お客さまに対して「思いやり」の気持ちを持ち、常に「理想の恋人」でいられるよう努力する姿勢は創業当時から一貫して大切にしてきたことです。その証しとしてチューリップを社員の家族やお客さま、職人さんに対して40年以上配り続けてきたのです。その総数はなんと30万本を超えます。

自分たちが出演しないテレビCM

お客さまに対して「ありがとう」の気持ちを表現する取り組みを紹介します。

三興商事では今から二十数年前にテレビコマー

社員の家族も連れて東京スカイツリーへ

シャルを作成しました。普通テレビコマーシャルと言えば自社のアピールに使うことが当然ですが、三興商事のＣＭは自社の紹介は一切出てきません。出演しているのは設計事務所の先生方です。設計事務所の先生方に建物をどのような想いを込めて造っているのかを語ってもらっているのです。

建物は設計された先生のすてきな夢が詰まっています。その夢をかなえるお手伝いをしています。自分たちを紹介するよりも建物を設計する先生方に想いを語ってもらった方がよほどいいという考えがあったのです。

私たちは街の中の有名な建物や目を引くような建物がどのような想いで造られたのかということを案外知りません。それではいけないと考え、日頃からお世話になっている設計事務所の先生方に出演の交渉をしてコマーシャルを作ったのです。

このように設計した人の想いを伝えることは、地元の人が建物への想いを深め、より大切に使うことにつながるでしょう。また、地元の人々が地域への愛着や誇りを

チューリップ花壇の様子（沼津営業所）

持ってもらうことにもなるでしょう。まさに「まちづくり」につながる取り組みです。これは設計事務所の先生方と三興商事の社員との深い信頼関係が構築されているからこそ可能となりました。

全社員の経営参画があるからこそ

全体会議は社員全員が前向きな意見を言う場です。女性社員も新入社員も分け隔てなく自分の意見を言うことが求められます。会議は多くの会社で形骸化していると思いますが、三興商事では常に目的を明確にし全員で経営参画を実践しているため、やらされ感がありません。

会議では、前向きな意見を言うことが求められます。一つ一つの意見に気づかされ、さらにいい会社を実現しようと前向きな意見が飛び交います。どんな仕事も「人ごと感」「やらされ感」を持って行うと面白くありませんし、会社もよくなっていかないのです。

全社員が参加する研修の様子

新入社員も初めは慣れなくても1年もたてば見違えるほどになっています。どんなにコミュニケーション手段が発達したとしても、「Face to face」のコミュニケーションにかなうものはないでしょう。

お客さまとの関係づくりも「Face to face」が基本です。お客さまから直接「ありがとう」と喜びの声を聞けることが働きがいにも直結しています。

プレミアムフライデーについて

ある全体会議の時に、三興商事でプレミアムフライデーを導入したらどうなるかというテーマで話し合いをしました。プレミアムフライデーは、政府が進めている働き方改革の一環の取り組みで、毎月最終金曜日の午後3時に仕事を切り上げるという取り組みです。

他の会社で同じ質問をすると、大抵できないことから話がスタートし、できない理由を並べることに終始しますが、三興商事は違います。「どうすればできるか」「どうすればみんなのためになるか」という前向きな意見が出てくるのです。

「楽しみになることでモチベーションが上がるし、仕事に明確な締め切りができることで知恵が出てくる」と沼津営業所の佐藤次長が言いました。佐藤次長はプライベートでは蝶・昆虫のスペシャリストとして使命を継続中です。離島や秘境に虫を探しにいくことで仕事とプライベートの充実を図っています。

英会話の時間に充てたいとする岸所長など、皆さん前向きです。静岡営業所の斉藤所長は次のようにコメントしました。「業界慣習や業界の概念を捨てて、すべての仕事を前倒しにすることができるメリットを考えれば、プレミアムフライデーは非常に意味のあるものになると思います。しかし、政府に後押しされている状態ではなく、導入の目的を明確にし、個々の企業にあった取り組みをするべきです。プレミアムサーステデーやスーパーウェンズデーがあっていいと思います」。

「消費したくても、お金がなければできないから、もっと稼げるようにしなくては」という意見を言ったのは浜松営業所の鳴海さんでした。「導入の目的を明確にしてしっかりとお客さまのためのサービスが実現できるのならば、プレミアムエブリデーがあってもいいと思う」と言ったのは新太郎さんです。皆さんメリットとデメリットの両面を挙げ、どうすればできるかを考えていきました。

建築現場ではいまだ土曜日も職人さんたちが現場に入っていることも多いですが、それでも「できない」と考えない社員が人生を充実させています。それができるのも、時間に縛られた仕事をしないからです。

社員全員にハイブリッドカーを購入

社員には全員ハイブリッドカーが買い与えられます。これも社員を大切にしたい気持ちの表れです。仕事はもちろんプライベートでも自由に使うことができます。

例えば自宅にいる時、お客さまからの急な要請や現場での緊急対応時に会社まで社用車を取りに行くことは大きな時間のロスとなります。自家用車で現場に向かうことも避けなければなりません。移動の負担も相当です。その負担もなるべくなくして社員が気持ちよく現場に行けるようにという配慮です。

社員全員に車が買い与えられる

なぜお客さまから必ず喜ばれるのか

三興商事の仕事は、大きな建物を建築するお客さまの想いや夢を受け止め、最適な建築資材や人財を提案し提供することを通じて形にしていく仕事です。

お客さまに高い次元で喜んでもらうためには、かゆいところに手が届く提案型の営業が求められます。お客さまがどのような想いで建物を建てたいのかを理解し、相手の立場になってお客さまが喜ばれるための提案をすることが大事なのです。常に自分で考え、工夫し、行動しなければなりません。また、不可能だと思われることでもどうすれば可能になるのかをあらゆる可能性を模索し、少しでも近づいていく粘り強さも必要です。

違う言い方をすれば、お客さまに尽くすということです。すると、お客さまも三興商事のために尽くしてくれるのです。その関係づくりができています。それは決して楽なことではありませんが、達成された時の喜びは格別であり、仕事の真の楽しさであると声をそろえて言います。

お客さまからも、会社からも高い評価を得られることでさらなるモチベーションアップにつながります。このような社員に支えられているからこそ三興商事の仕事はお客さまにとても喜ばれるのです。自然な形でうれしかったことや会社への愛着の深さがうかがわれるコメントが出てきます。

うれしかったこと

　横浜営業所は２０１４年に立ち上げられた新しい事業所です。この間にもうれしいことがありました。

◆斉藤所長代理

　設計事務所の先生に、図面上では付けることになっていたものを安全面から考えた時になくした方がいいと提案をしました。その現場は保育園だったので特に小さな０～１歳児の子供たちの指が挟まらないように考えたからです。設計事務所の先生から、「真剣に考えて言ってくれる人が今はなかなかいない。そういう意見は本当に貴重で有り難い」と言っていただけてすごくうれしかったです。

◆高嶋次長

　今までメーカーとして三興商事に関わらせていただいておりました。自分の部下が直接の担当者だったので自分自身は１カ月に一度本社で打ち合わせに行く程度でした。今は三興商事の社員となり、最初どうなるだろうと思っていましたが、すんなりと打ち解けることができました。自分が今まで長くいたような雰囲気があり、その風土にとても感動をしました。社長と専務のそれぞれの良さが融合し、しっかりとした方針を示してくれた中で自由にやらせてくれるのが魅力です。これからは自分でお客さまとの感動をつくっていく番です。それが恩返しだと思っています。また、つい先日のことですが、以前関係があった職人さんからお礼の電話がかかってきました。これもとてもうれしかったです。

◆森藤さん

三興商事のすばらしい仲間（家族）たちと一緒に働けることに感謝しています。人からはそのように見られませんが、私自身は大変な人見知りです。だからこそ、考えて行動することが大切だと感じました。お客さまとどうやって関わっていくか事前に徹底的に調べます。名前はもちろん、どういったことに興味があるのか調べて、共通点を見つけることをしてから訪問するようにしています。そうした段取りをするようになってから、設計事務所の先生方からかわいがっていただくようになりました。自分が訪問するととても喜んでくれる先生もいます。本当にありがたいことだと思います。

◆實石さん

メーカーさんも出入りしている設計事務所に行った時「うちは仲良くしているメーカーがあるから使えない」とはっきりと断られてしまいました。２カ月もたたないうちにもう一度行ってみたら「あれだけはっきり断ったのによく来たね、その根性がすごいよ」と言って自分を受け入れてくれた時は涙が出るほどうれしかったです。相模原の設計事務所の先生から「ジャストベース（商品名）の實石さん」と電話がかかってきました。商品名と名前が一致して先生から直接電話をいただけた時は自分の熱意が伝わったのかなと感じられ、本当にうれしかったです。

◆藤森さん

今まで6年半の間、メーカーとして三興商事と関わってきました。嶋尻社長の熱心さに驚き心が動かされました。嶋尻社長は自分のことも会社のことも何でも話をしてくれて、相談してきてくれます。するとこの想いに応えなきゃと思うのです。そうさせてしまう何かを持っています。以前、その頃の三興商事の若手社員との同行が多かったのですが、中でも新太郎さんとは馬が合い、新太郎さんもすごくがんばってくれました。ある時真剣な表情で今夜行きませんかと誘ってきてくれました。これまでにも何回か飲みに行ったこともありましたが、その時は「僕にごちそうさせてください」と言ってきたのです。聞けば、これまでのがんばりで新太郎さんのお給料が上がり、感謝の気持ちとお礼をしたくてごちそうしたいということでした。本当にうれしかったです。今でもはっきりと覚えています。

行動指針は「フェアであること、スマートであること、エンジョイすること」

三興商事には「いつも心にありがとう」の理念を実現するために3つの行動指針があります。

一、フェアであること
一、スマートであること
一、エンジョイすること

行動指針は社員一人一人の人生を充実させてほしいという願いでもあります。社員は行動指針に基づいて自分に備わっている能力を最大限に発揮しようとしています。

社員に行動指針について聞きました。こうした質問に対して明確に答えが出てくるところが三興商事の優れた点です。普通の会社ならば、「わかりません」と答える人が必ずいるからです。日頃から「あるべき姿」を意識している証拠です。

■「フェアであること」とは？

・正しく偽りのない行いをすること
・筋道を正確に理解してそれを守ること。また、誰に対しても敬意を払い尊重すること

・己に正直でうそをつかないこと。好き嫌いだけで判断しないこと
・自分の損得に関係なく是非を判断できること
・相手が嫌なことをしないようにすること
・自分に対しても人に対しても素直であること
・各々が責任を全うすること。結果だけで物事を判断しないこと
・平等であること。正しい判断に基づき、同じ方向を向くこと
・社内、社外の人に誰もが評価されるよう仕事をすること
・仕事はもちろんだが何事にもフェアな精神で対応していくこと。わが社の仕事に対する姿勢
・嘘などをつかず、まっすぐな気持ちで取り組むこと
・社内なら社内で大差なく平等な決まりがあること。誰とでも分け隔てなく接し、嘘のないこと
・決めたことは必ず実行すること。約束は守ること。正直に報告すること
・感情に流されず、他人に対しても自分に対しても同じジャッジができること
・立場など関係なく人を上とか下とかで判断しないこと。人によって態度を変えず対等として接することができること

・欲や感情で態度を変えないこと
・相手の立場になった時自分ならどうするか考えること。どちらかが不利益をこうむらないように心配りすること
・ごまかさない、正々堂々としていること
・ズルをしない。うそはつかない。欲張らない。徒党を組まない。威圧しない

■「スマートであること」とは？

・無駄もなく計画的な行動をすること
・正直であり、誠実であること
・ぐだぐだしない、だらだらしないこと
・まわりの人に不快感を与えず、自分の希望を通せること
・フットワークが軽くやるべきことを後回しせずに、きびきびと対応できること。常に考えながら行動できること。時間を守りながら丁寧に早く対応できること
・相手の要望にすぐに応えること。先回りして対応すること。無駄のないこと
・中途半端、不真面目、いい加減、適当な態度、姿勢でないこと
・主観によって正しいと判断することは相反することがある。自分の主観を押しつけないこと

・要所を押さえて余分なことはしないこと
・相手の立場に立って考え、相手に合わせた行動ができること
・公私共に、物事を進めていく姿勢
・あまり余分なことはせず、できるだけ効率よく行うこと
・時間を有効に使い、物事がスムーズに段取りよく進められること。身だしなみや言葉遣いなどがきちんとしていること
・お客さまの要望に短時間で手際よく対応できること
・何事も大変さをまわりに感じさせずに結果を出すこと
・無駄なことはせず、右往左往しないで簡潔に物事に取り組めること
・無駄をなくすこと
・未来に向かって物事を築き上げ、前へ進むこと
・清廉潔白であること
・言葉遣いが丁寧。長々と会話をしない。約束した時間を守る。清潔な人。感じの良い人。会話が楽しい人

■「**エンジョイすること**」とは？

・仕事を夢中になるくらい、楽しむということ

・仕事を前向きにすること。仕事に達成感を感じること
・仕事、遊び全てにおいて楽しむこと。何事においても「楽しくないなぁ〜」とは思わないようにしている。エンジョイするようプラス思考にしている。そして願いは必ずかなう
・嫌々やるのではなく、すべてを前向きに考えて行動すること
・心地よい苦労をすること。達成感があること
・何事も簡単に手に入ってしまうと喜びは半減するし楽しくない。仕事を思い切り楽しむためには大変なことから逃げずに思い切り挑戦すべきだと思う。志の同じ仲間がいるから心強いし達成した喜びも共有できる
・物事を前向きに捉え、目標に向かって努力し真剣に取り組むこと
・楽しむ、好きになること
・前向きに楽しさ（喜び）を見つけながら進んでいく気持ち
・自分の活動が成果につながること。または成果につながったことを評価されること。完成度が増すことに喜びを感じること
・楽しい、うれしいと思い、その場にいたいと思うこと。今、家庭円満で、そこにいたいと思っている

・気持ちや考え方がプラスの状態であること。逆境こそ楽しむこと
・仕事、遊びは楽しさを追求すること。楽しい人生を歩みたい。私と関わる人たちに対してもそう思ってもらいたい
・何事もプラス思考に捉えることができて、前進できること。仕事やプライベート、人間関係が円滑で日々充実していること
・目標に向かって前向きに取り組むこと
・横浜営業所の開設と横浜をスタートとし関東地区に営業所を進出させる夢を持てていること。営業所の採算がとれていること。ロータリー活動に積極的に参加できていること
・仕事も遊びも自ら取り組めること
・自分自身でやりたいと思って行動できること
・笑うこと、笑顔でいること
・罪を憎んで、人を憎まずを実践すること
・自分の人生が肯定できているか、どうか常に考えること
・仕事をゲーム化してルールを自分自身で決め、結果を楽しむこと。自分に課題を与え達成できたら、一人切りの時ににんまりするのもまた楽しい

ありがとうを大切にする人生は幸せな人生

三興商事は「いつも心にありがとう」を理念とし、働いている社員とその家族を徹底的に大切にしています。また、社員は仲間や会社のために貢献する意欲にあふれ、「ありがとう」という感謝の気持ちを行動で返しています。

そして、質の高いコミュニケーションによって実現しています。大手企業に勝るとも劣らない待遇も、社員旅行も、握手をすることも、すべてが会社と社員との質の高いコミュニケーションを実現する取り組みになっているのです。

人のために尽くすことは本来人として正しいことです。そのために、自分の能力・魅力を最大限に発揮することが人生の充実そのものとなるのです。その対象がお客さまであれば、真に喜ばれる仕事につながります。

そのためには、常に自分をより良く変えようとする意識が重要です。反対に、「これでよし」と油断してしまった瞬間に同業他社に追い抜かれてしまうのです。これは人として正しいことなのです。その気持ちがなければすぐに淘汰されてしまいます。

三興商事のような会社が世の中に増えることがいい世の中づくりにつながると思います。三興商事で働くことは人生そのものの充実につながります。

先生たちが日本一「ありがとう」を大切にする幼稚園・保育園

認定こども園　川崎幼稚園

学園名	●学校法人榛原学園
保育理念、園是	
建学の精神	●創造力にあふれ元気でがんばる子
教育目標	●健康で明るい子 ●努力と忍耐　がまん強い子 ●自分で考え工夫してやりぬく子
教育方針	●恵まれた自然に親しみながら、知徳体三育の全人教育に努め、心豊かな幼児の育成に当たる。 ●家庭との連携を密にし、正しい幼稚園教育の理解と協力を深める。 ●一貫教育の場としての幼児教育の機能を果たす。
川崎幼稚園園是「笑顔、幸福、思いやり」 静波保育園園是「笑顔と愛を未来へ」 細江保育園園是「思いやり、助け合う」	
創業・設立年月日	●1962年2月17日
職員数（2017年4月現在）	
●川崎幼稚園（幼保連携型認定こども園）・42名（非常勤含む） ●静波保育園（保育所）・31名（非常勤含む） ●細江保育園（保育所）・22名（非常勤含む）	
代表者名	●理事長　増田立義
事業内容	●幼保連携型認定こども園・保育所
本社所在地	●牧之原市静波1398-2
電話番号	●0548-22-0230

企業支援の現場にいるとつくづく「企業は人なり」であり、人財教育の大切さを痛感します。働く人が仕事にやりがいをもつためには、人に喜ばれる仕事をすることが不可欠です。人に喜ばれる仕事をするためには、自分勝手な考え方ではいけません。人のために気がつき、行動をよりよく変えることのできる人（カイゼンできる人）が、仕事のできる人の本質なのです。

それは何も特別なことではなく、本来は人として至極当たり前のことを当たり前のように実践することでもありますが、それができない人も非常に多いのが問題です。どんなに学歴が優れていても、それができなければ仕事のできる人にはなり得ないのです。

だから、人を大切にするいい会社は例外なく人を人財にする人づくり経営を徹底しています。そもそも「世のため人のためになる人づくり」は教育の本質そのものです。

残念ながら近年ではその本質を見失い、目先のことだけにとらわれた人の教育も目立っています。目先のことをしても結局、社会に出て困るのは本人なのです。そういった背景の中で、人として大切な部分を徹底してこだわる教育を子供たちに対して実施しているのが榛原学園です。

榛原学園は川崎幼稚園、静波保育園、細江保育園の3園で成り立っています。それぞれの園は静岡県のお茶どころ、牧之原市に位置しています。天気のいい日には園の近くのお茶畑から富士山が望め、雄大な景色を見せてくれます。ゆったりと温かさあふれる環境の中で、先生方が「ありがとう」という言葉をとても大切にしていることがこの園の特徴です。

「ありがとう」の言葉は人としていちばん大切な本質部分であり、人を幸せにする力があります。人が何かをしてくれた時に気がついて「ありがとう」と言うこと、そして言われることで自分がしたことが良かったことだと気づくことができます。その関係づくりが人と人とをつなぐ人間関係の基礎となっていくのです。

そのありがとうの言葉が日本一飛び交う園が榛原学園なのです。川崎幼稚園は、幼保連携型認定こども園で職員数42名（非常勤含む）、静波保育園は保育所で職員数が31名（非常勤含む）、細江保育園は保育所で職員数が22名（非常勤含む）です。

そして、榛原学園には次のような経営理念があります。

- **安心してお子さまを委ねられる園**
- **快適な人間味ある温かな環境を備えた園**
- **地域に開かれた園**

・職員一人ひとりが幸せで、やりがいが持てる園

特に大切にしているのは「職員一人ひとりが幸せで、やりがいが持てる園」です。増田理事長は次のように言います。「職員の満足度が高くなければ、子供たちにいい教育などできるわけがありません。だから、職員にとって働きがいのある園であり続けるように環境を整えることが私の仕事です」。

職員である先生方が自ら園を良くしていくことを貫いているからこそ、自分たちの園に誇りを持つことができるのです。

ありがとうの気持ちと言葉が日本一飛び交う園

「ありがとう」の気持ちと言葉が日本一飛び交う園を象徴する取り組みとして、サンクスカードプロジェクトがあります。サンクスカードは人のいいところに気づき、名刺ほどの大きさのカードに「ありがとう」と書いて渡すものです。

渡された相手はとてもうれしい気持ちになり、モチベーションアップにつながります。また、書いている方も感性が磨かれ、気づきの訓練になるメリットがあります。そして、何と言ってもいい組織をつくるための具体的な参画行動が実現できる魅力あふれる取り組みです。

近年、サンクスカードやありがとうカードを実施している会社が増えています。ところがサンクスカードに取り組むと、初めのうちはいいのですが、次第に形骸化してしまうのが多くの会社で認められる問題点です。しかし、榛原学園のサンクスカードは形骸化しません。その最大の特徴は、先生方がありがとうの言葉を心から大切にしているからです。

「私たちは子供たちに心豊かな人生を送ってもらうために、ありがとうの大切さを教えなければならない。そのために、私たちは率先してありがとうの言葉を大切にしています」

ありがとうを伝える人生は幸せだからです。そのような共通の目的が先生方に広がり、サンクスカードプロジェクトがスタートしたのです。

プロジェクトの準備に入ったのは２０１４年のことです。サンクスカードとはどういうものかといった理解から入り、少しずつ準備を積み重ねて1年後に正式にスタートしました。

サンクスカードポスト（静波保育園）

サンクスカードを集計するプロジェクトチームの先生方はそれぞれ3カ月間の任期があり、交代で担当します。大変な仕事の中で誰もがプロジェクトチームを担当することでお互いさまの意識の醸成にもつながります。２０１６年12月には、１カ月間でなんと１５８０枚もの「ありがとう」が飛び交いました。平均すると一人の先生が15枚以上サンクスカードを出していることになります。

幼稚園・保育園の先生方は大変な忙しさです。その中でサンクスカードを書くことは時間的に見ると大きな負担となります。それでも形骸化しないのは、時間を割いてでも書くことで、大きな効果があることを先生方が実感しているからです。

人はよりよく変わることができる

サンクスカードは「ありがとう」という言葉を大切にしている先生方がぜひともトライしてみたいという想いでスタートしました。しかし、何人かの先生には次のような思いもありました。「日々の中でしっかりとありがとうを伝えているし、わざわざやることはない」「ありがとうは強制するようなものではない」「毎日の忙しい業務の中で時間をつくるなんて絶対にできない。今だってこんなに忙しいのにできるわけがない」。

このような言葉は他の会社でもよく聞かれます。これまでの習慣・思考の癖が邪魔をして、先入観に支配されていたのです。それよりも大切なのは、明るい将来を切り開くことなのです。

そこで、実際にサンクスカードを書いて効果を実感しながら話し合っていこうということになり、毎月1回集まることになりました。

いちばん初めは、先生方が集まった時に、隣に座った先生に対してサンクスカードを書き、直接渡そうということになりました。多くの先生が最初は恥ずかしいという気持ちで書いていました。渡すことも恥ずかしいと思った先生もいました。

でも、思い切って渡すと、渡された先生は熱心にそのカードを読み始め、すぐに目がキラキラと輝いてきます。そして、あふれるような笑顔を見せるのです。

先生たちから次のような言葉が出てきました。「これまでやってきたことが報われた気がします」「こんなところに気がついていてくれたなんてとてもうれしいです」。そうした感想を聞いた先生も「うん、うん」とうなずき、見る見る笑顔になっていきました。

今度は、お礼のサンクスカードを書くことになりました。先生はお返しに相手の先生のいいところを見つけ、サンクスカードにすらすらと書き始めました。相手のいいところに気がつくと、自分自身も気分が良くなっていきます。

初めよりもいい笑顔で渡し、受け取る先生もみんなとてもうれしそうな表情をしていました。「自分のことをしっかり見ていてくれたと知ることができてとてもうれしいです」「やる気が出ました。もっとがんばろうと思います」「自分は当たり前だと思っていたけど、まさかこんなことで喜んでもらえたなんて驚きました」「背中を押してもらえたようで勇気をもらえました」。

うれしい実体験を積み重ねることで、サンクスカードプロジェクトの手応えを感じることができたのです。

プラスの「ありがとう」の気持ちがマイナスの先入観を溶かす

サンクスカードの実体験を何回か繰り返すうちに当初難色を示していた先生も変わり始めました。グループ会議の中でもマイナスの言葉が減り、逆に相手を盛り上げるような言葉が増えてきたのです。

何と言っても笑顔が格段に増えてきました。キラキラと輝くような笑顔を見せてくれるようになったのです。サンクスカードによってますます前向きでプラスの言葉が増えていきました。

サンクスカードプロジェクトが正式にスタートして1カ月が過ぎるころには、想いが詰まった温かいサンクスカードを書いてくれるようになりました。どのカードも相手の先生に関心を持ち、しっかりと見ていなければ書けないことばかりです。

想いの詰まった温かみのあるサンクスカードは、もらった先生にとっては褒められ、必要とされ、役に立ったと実感できる宝物です。ある先生は、いつもお財布の中に入れているそうです。前述したように人間は、人から褒められ、必要とされ、役に立ったと実感できた時に幸せを感じます。逆に人を褒め、必要とし、役に立っていることを伝えることも重要なのです。

サンクスカードを始めて2カ月がたったころ、ある先生が次のように話をしてくれました。「私は初めサンクスカードに対して、やる意味も理解できなかったし、ありがとうと書くことも深く考えていませんでした。今思えば食べず嫌いの状態だったと思います。でもやり始めてこんなにも素晴らしいことなんだと気づかされました。相手のいいところを見つけてありがとうと感謝することは簡単なようで簡単ではありません。だから、ありがとうの一言にこんなにもパワーがあるのだとわかりました。相手のことを思って書くのもうれしいし、もらってもうれしいです。実施する前から否定をして本当に申し訳なかったと思います。自分の気持ちがこれほどまでに変わるとは想像もつかなかったです。でも、これこそ子供たちに伝えなければならないことだと思います。人は未来に向かって変わることができるし、そのためにもありがとうという言葉が大切なんだということを」。

人は今までの習慣を変えることに対して抵抗感を持ちます。これまでの習慣や思考の癖を変えることは苦痛を伴うものです。そして、私たち人間は、気が進まないことに関して、実施する前からできない理由を探して言い訳を並べてしまいがちです。教育のプロである先生方も人間であり例外ではありません。つい、無意識のうちにこれらの思考に支配されてしまったのです。でも、それでは何も変わりません。

先入観に縛られ何も変わらないことより、いい園をつくるために具体的に行動をする方が大切だということに気がついたのです。より良く変わろうとする気持ちがないとより良い園をつくることはできないのです。言い訳を並べるのではなく、どうすればできるかを考え、実際に実行してみることがいかに尊いことかということをこの先生は体感し、証明したのです。

人はより良く変わることができます。それは人としてとても大切な成長なのです。どんなに経験を積んだ人でも常に成長することが重要です。それができる人だからこそ、自分の言葉によって仲間に勇気を与えることができるのです。

こうした先生の輪の広がりが榛原学園の魅力です。教わる子供たちはきっと人としてとても大切な「ありがとう」を学ぶことでしょう。ありがとうの大切さを誰よりも理解している先生たちが教えるからこそ、子供たちもありがとうを大切にする人生を歩むことができるのです。

第三者にも感動を与えるサンクスカード

ある時静波保育園の向笠園長が、最も印象に残った2枚のサンクスカードを見せてくれました。先生方が出しているサンクスカードを時間をかけて全部読んで感じたことがあったそうなのです。

「いろんな気づきがありました。プロジェクトチームの先生たちが集計の時にサンクスカードを読むことによって自分自身を振り返り、考え学ぶことができたと言っていました。そのことがとてもよくわかりました」。向笠園長はそのように話してくれました。

1枚目は出し物となる演劇の役を譲った先生が相手の先生に送ったものでした。

「うらしま太郎、あやの先生に譲ってよかった。あんな風にステキに私は構成できなかったと思うから。すごく楽しく、そして感動させてもらったよ。ありがとう」

それまで職員室で一人涙を流したことのなかった向笠園長ですが、この先生がこんなにも素直に自分の思いを書いたことに大変な感銘を受けて涙がぽろぽろとこぼれてきたそうです。

幼稚園や保育園にとって出し物はとても大切なイベントです。その担当を譲ることは、その先生にとってやりがいが感じられなくなってしまったかもしれません。譲られた先生も気にしていたはずです。だからこそ、この先生は相手の先生のことを思い、ありがとうの言葉を伝えたのでした。自分のことよりも人のため、園のために尽くしている気持ちが大きいからこそ出てくる心からの言葉だったのです。

サンクスカードを通じて、その先生の人への想いと園への貢献する意欲の強さをあらためて知ったのでした。と同時に、この先生の新たな魅力を見つけることができたのです。これはサンクスカードがなければ絶対に気がつかなかった「魅力」なのです。「自然と涙があふれてきました」。向笠園長の言葉がすべてを物語っています。「先生方に対してさらに想いが強くなりました。より理解が進んだことで、よりよい運営ができるようになりました」と満面の笑みを浮かべて答えてくれました。

もう1枚は、大ベテランの先生が若い先生に送ったサンクスカードです。

「いつも明るく子供に優しく、時には厳しくすてきな保育をありがとう。若い頃のやる気に満ちていた時を思い出し、私もすごく刺激をもらっています」

サンクスカードは相手のいいところを見つけることが大切です。ところが、なかなか難しいのです。なぜなら、それまでの思考の癖や習慣、相手に対する先入観が邪魔をしてしまうからです。それらを取り除くのはなかなか難しいことです。

大ベテランの先生が若い先生に送ったところがポイントです。特に、どの企業でもベテランのスタッフが若手スタッフに感謝の気持ちを伝えることを苦手としているケースが目立ちます。プライドばかりが高く、人のことを思いやれないベテランスタッフでは難しいのです。

このベテラン先生も若い先生を認めて褒めることは勇気が必要だったかもしれません。しかし、人として正しく、高い志とノウハウを持ち続けてここまで積み重ねてきたからこそ、このような内容が書けたのです。だからこそ、向笠園長はこのベテラン先生の謙虚でけなげな姿勢に心を打たれ、自分の想いと重なったのです。その瞬間、涙があふれてきたのです。

今のご時世に厳しいことを子供たちに言うのは大変勇気がいることです。優しいだけの先生を演じた方が親御さんの評判を得られるかもしれません。しかし、「教育とは何か」という本質を考えると、優しいだけでは無責任であり、誰のためにも何のためにもならないのです。

子供たちが大人になって世の中の役に立つ人になってほしいという想いがあるからこそ、厳しいことを言わなければならないのです。若い先生も試行錯誤を繰り返しながらメリハリのある教育を心がけてきました。悩んでいたところにベテランの先生の言葉に勇気づけられ、背中を押され、自信につながったのです。

若い先生は自分の「あるべき姿」がよりはっきりと見えたのです。これぞノウハウの伝承であり、想いの継承です。

向笠園長はあらためて自分の園をこう評価しています。「現場でがんばっている先生たちは本当に輝いているので、こちらも気持ちよく見ていることができます。あまりにも魅力的なので、つい自分もその輪の中に入りたくなります。自然と引き込まれるのです。実際には自分の園長としての立場、役割があるのでなかなかそうはいきませんが、日頃の取り組みでも、どんなイベントでも、一生懸命全力を尽くしてやっている先生たちを見るたびに感動します。こうした先生たちがうちの園の最大の魅力です」と話してくれました。

成功要因は理事長、事務長の前向きな姿勢

増田理事長はプロジェクトがスタートしたその日から三つの園の全員の先生に対してサンクスカードを書き続けています。三園合計すると先生方は１００名近くいます。

増田理事長は三園をくまなくまわり、先生方の行動に積極的に気づこうとしています。忙しい中で回るのはとても大変ですが、「時間は自分で作るものだ」と考え、実践しています。

サンクスカードを書く時間を捻出することも習慣として身につきました。朝早く来て、誰もいない園で、先生方一人一人の顔を思い浮かべて書くのがいちばんいいそうです。今は1時間で35枚書けるようになりました。ものすごいスピードと集中力、そして気づきの力がなければそうはなりません。

息子さんである増田事務長も理事長の影響を受けてサンクスカードをたくさん書いています。「ありがとう」の気持ちが先生方に伝わっています。これらの取り組みもサンクスカードが形骸化しない要因です。

サンクスカードはリーダーが部下に対していい取り組みに気づき、ありがとうと伝

えることが本質です。それにより部下のモチベーションが大きく上がります。ところが、多くの会社では、それができません。ましてやトップリーダーがサンクスカードを率先して書くことは非常にまれなことです。

人を大切にする経営を実践し、先進事例企業としても紹介されている「たこ満」でもサンクスカードは形骸化しません。平松社長は「人の非難ばかりする人生よりも、人のいいところを見つけてありがとうをたくさん言える人生の方が幸せだと思います」と言い、トップ自ら率先してサンクスカードを書くからです。その想いがリーダーに共有されています。だから、形骸化することは決してないのです。

榛原学園もトップリーダー自ら「ありがとう」を伝え続けることが実践できています。ありがとうを伝えられた方はうれしいし、お返しをしようとします。人として当たり前のことですが、当たり前に実践できている同士だからこそ形骸化しないのです。

さらに、理事長は先生方の毎月のお給料日に、明細書が入った封筒を「今月も一生懸命に働いてくれてありがとう」と声をかけながら渡していきます。その給料明細書と共にサンクスカードを入れて渡しているのです。

その封筒は先生方の家族の元に持ち帰られます。ある先生の旦那さんがふとした時にサンクスカードを見て次のように言われたそうです。

「おまえのところはとてもいい園だな」。

そう言われてその先生は自分の園の大切さがより理解できたそうです。「自分が榛原学園で先生をやっていて良かったと思えた瞬間です」と増田理事長に伝えてきました。

増田理事長はそのことをニコニコしながらとてもうれしそうに伝えてくれました。

「先生の旦那さんがそう思ってくれることもうれしいし、それを報告してくれる先生の満面の笑顔もまたすてきで、とてもうれしかった」と。

サンクスカードの紹介

先生と先生の心をつないだサンクスカードを紹介します。メッセージの前に、カードの先頭に〇〇先生へと書いて、最後に自分の名前を書きます。

◆理事長先生へ

「いつも温かいサンクスカードの言葉ありがとうございます。毎月必ず一人一人に一言ずつ声をかけ、子供たちの様子もニコニコして見てくださり、たくさん職員がいるのにそういうところがすごくうれしいです」相澤紀子より

◆まい先生へ
「いつも明るく子供に優しく時には厳しいすてきな保育をありがとう。若いころのやる気に満ちていた時を思い出し、私もすごく良い刺激をもらっています」山本みかより

◆あやの先生へ
「うらしま太郎、あやの先生に譲ってよかった。あんな風にステキに私は構成できなかったと思うから。すごく楽しく、そして感動させてもらったよ。ありがとう」まことより

◆ゆき先生へ
「りんご組の子供たちと楽しそうに体を動かすゆき先生。本を読み聞かせている時の先生にくぎ付けになっちゃった。これから先もユニークな元気なゆき先生でいてね」和より

◆多朗先生へ
「いつも子供たちや職員を見守ってくださりありがとうございます。私たち保育士は先生が見守ってくださるので思い切り保育ができます。これからも日本一の保育園を目指してがんばりますのでご指導よろしくお願いします」鈴木広美より

◆前田先生へ
「先生になって1年目、いろいろと大変なこともあると思いますが、いつも元気で明るい笑顔で頑張っていて輝いていますね。小さな子のお世話は大変でしょうが優しく落ち着いて接している姿は1年目なんて感じません。今年もよろしくお願いします」堂上玲子より

◆鈴木さよ子先生へ
「寒い中毎日園庭の掃除をしてくれてありがとうございます。私が3時ごろ掃除をするといつもごみがなく先生が掃除してくれたんだなと思っていました」青島沙樹より

◆晴美先生へ
「卒園式の歌のピアノ伴奏を弾きやすくしてくれてありがとうございます。卒園式に向けて練習頑張ります。わからないことがあったらまた教えてください。そして聞いてアドバイスをください」山田尚子より

◆和美先生へ
「コツコツ…コツコツ時間を見つけては製作を進めてくれたり、りんご組の手伝いにもきてくれたりありがとうございます」みゆきより

◆高橋陽子先生へ
「私が保育内容の事について相談するといつも丁寧にのってくださりありがとうございます。もっと自分で考えられるように頑張ります」橋本萌恵子より
◆鈴木先生へ
「子育てと保育士の仕事の両立真っ最中。一生懸命の姿は若い保育士のお手本ですね。保育士として子供たちへの思いやりをたくさん伝えてくれてありがとう」向笠より
◆枝村先生へ
「発表会のピアノ、朝早く来て練習をしたり当日も最後の最後まで練習をしたりと、努力する姿感動しました。誰にでも必ずある苦手なこと。そのことに真剣に取り組む姿、私も見習いたいです」山本みかより
◆さちこ先生へ
「いつも優しくてありがとう。相手に嫌な思いをさせないあなたはエライなといつも思う。相手のことを思いやれる人は幸せになります」容子より
◆大塚先生へ
「いつもあたたかな雰囲気の先生を見ているとホッとします。子育て支援のイベント

などいろいろ動いてくれているようですね、園長先生から聞きました。いつもありがとうございます」長野明子より

◆しげこ園長先生へ

「先生が園長先生になった年に『ディズニーランドのような園に…』とおっしゃったこと『私も』と思いうれしかったです。ありがとうございました」藤田証子より

◆洋子先生へ

「子供の話にじっくりよく耳を傾けてくださりありがとうございます。洋子先生は相づちも上手で話すことでもっともっとおしゃべりしたくなります」高山より

◆智美先生へ

「0歳のお部屋で嘔吐した子がいた時、たまたま入ってきた智美先生がすぐに嘔吐物の処理をしてくれたね。ありがとうございました。先生の行動力とてもステキでした。これからも乳児クラス協力しながらよろしくお願いします」萩原みゆきより

◆みゆき先生へ

「体操の時間の前などに1歳児と5歳児でかもめかもめをしているのを見て、こういう何気ない時間に異年齢の関わりをサラッとしているのを見てすごいなぁと思いました。子供たちもうれしそうですね。ありがとう」菱井より

◆サンクスカードプロジェクト委員から理事長、園長先生に送ったサンクスカード

「サンクスカードのプロジェクト係をさせてもらい、大変な集計でしたが、いろいろなことを深く考えるとてもよい機会となりました。少し自分の心に変化があったように感じます。『ありがとう』がこんなにもたくさんあってとても温かな園にいれて幸せです。係をさせていただきありがとうございました」大石由佳より

増田理事長の想い

増田理事長は行動の人です。自分で考えて正しいと思ったら即動くことを実践しています。そして、問題点を見て見ぬふりをせず、前倒しで手を打つことも大切にしています。

何か問題があった時に他人任せにせず、自分の目で確かめて検証することを実践しています。自分の目で確かめることを大切にしているのです。現地・現物・現認主義を貫いています。それが責任感ある行動となっているのです。その考え方は、世界一の自動車メーカーであるトヨタ自動車にも通じる考え方です。

増田理事長は言います。「誰でももがいている時は一歩下がり消極的になってしまいます。ここから一歩前へ出ることが大事です。問題はなるべく先延ばしにしないこ

とです。先に行けば行くほど自分に負担がかかるからです。地域なくして自分はありません。園も同様です。地域に感謝し、地域のためになることをするのは人として正しいことだと思います。人の評価は他人が決めることです。自分はできていると思っても、他人は全くそう思っていないことも多いです。またその逆に自分はまだまだと思っていても他人はすごいと思ってくれていることもあります。どちらがいいかというと後者です。だから常に謙虚でいることが大切なのです」。

増田理事長は若い頃からお茶づくりの経験があります。お茶をつくる経験はいろいろなことに役立っているそうです。「農業では肥料や薬を与えることで作物は成長します。人には言葉をかける。感動を与えることが大切だと思います」。

だからサンクスカードをたくさん書くのです。組織はチームワークであり、「和を以て貴しとなす（何事をやるにもみんなが仲良く、いさかいを起こさないのが良いということ）」という考えが増田理事長にはあ

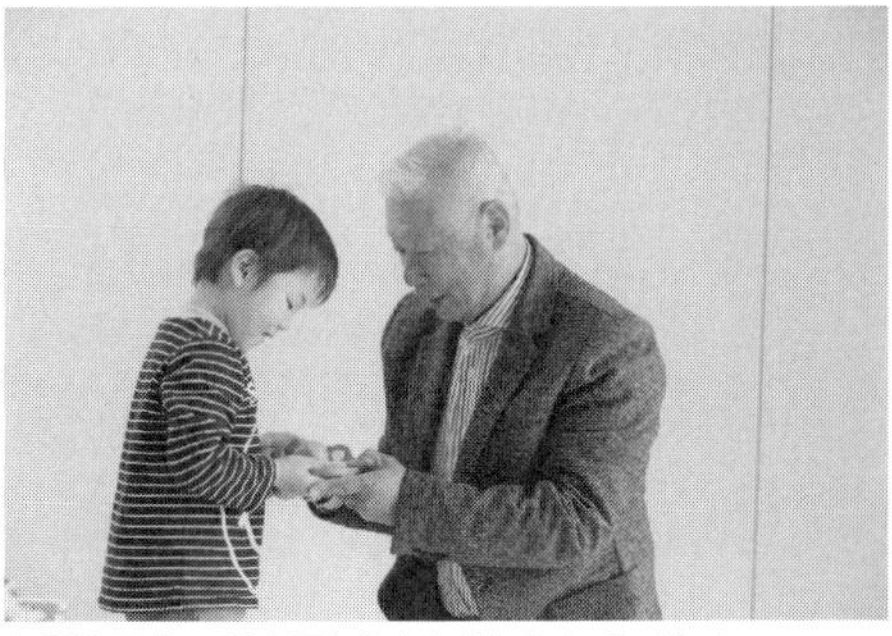

お誕生日会で理事長からありがとうのプレゼント

ります。「働いている職員に争いや嫌な思いは絶対にさせたくありません。真の『和』とは何か、真のチームワークとは何かを考えると、人任せではなく自分で考えて（気づいて）提案をすることなのです。みんなで目的に向かってそのために何をしたらいいのか話し合うことなのです」。

人格に関しても頭でっかちにならないことが大事だと話します。「人格とは教えてできるものではないですが、まずは自分なりの生き方をすればいいと思います。その中でさまざまな気づきがあります。それを糧にして自分のキャラクターを自分で見い出していくのです。リスクを恐れず自分で考えながら作っていくことが大事だと思います」。

「努力している者は必ずチャンスが訪れます。チャンスに気づくのです。反対に努力をしていない者はチャンスを逃します。チャンスだと気がつかないからです」。

働いている先生方について次のように言います。「とにかくうちの職員は全員がしっかりしています。みんな信念を持って考えながらやっているからです。教育、保育はマニュアル通りにはいきません。常に問題点に気づき、カイゼンしていくことができないといい教育も保育もできません。そういった保育の内容をみんなで考えて進めている素晴らしい職員に支えられています」。

職員である先生方のことを大切にし、かつ魅力をあますことなく伝えてくれるリーダーです。こうしたリーダーのもとで働いている先生方は幸せなのです。

増田事務長と2頭の仔馬

榛原学園の裏方として事務全般を支えているのは増田事務長です。学校の先生として私立学校で活躍された後、お父さんである増田理事長に半ば強引に引っ張られるような形で榛原学園に赴任したのでした。

お父さんである増田理事長が何よりも行動の人であるならば、増田事務長は行動力に緻密さを加えて理事長をサポートしている点が魅力です。

増田理事長にはいろいろな話が舞い込んできます。それらの案件を見ながら増田事務長は言います。「これは人に頼まれることを生きがいに感じている理事長の魅力です。自分も見習わなければなりません」。増田事務長は父親を尊敬しながら、かつ、自分の良い点も出そうと努力しています。

川崎幼稚園の体育館の2階には「親子の馬の絵」が飾られています。手前には2頭の茶色い毛並みの仔馬、向こう側には1頭のお母さんと思われる馬が描かれています。

増田事務長は、「親子の馬の絵」を指して次のように言いました。「この絵には小さな子供たちをみんなで見守る大切さが表現されています。2頭の子供の馬はどこを見ているのでしょうか？」2頭の仔馬は左側を向き、同じものを見ているようです。増田事務長は教えてくれました。「子供たちは仲間たちを見ているかもしれませんし、お父さん馬を見ているかもしれません。あるいはエサを見ているのかもしれません。大切なのはそうやって子供の目線の先には何があるのかを常に考えることだと思います」。

増田事務長は続けます。「これは私たちの教育そのものに当てはめることができます。私たちは、常に子供たちの目線の先には何があるのか、何があるべきなのかを考えることが大切なのです。その尊さを『親子の馬の絵』は教えてくれているのです」。

事務的な仕事を遂行している中でサンクスカードをたくさん書いています。サンクスカードには先生方に感謝の気持ちを伝えながら、なるほどと思える大切な気づきが数多く書かれています。それはまるで子供たちの目線の先を見ているかのようです。

自然と笑顔になる自慢の給食

榛原学園の給食は、子供たちに対する教育の大切な根幹となっています。まず食材は「旬」にこだわり、その時の行事と関連させて、四季と文化を感じられるメニューづくりを実現しています。

旬を過ぎた食材は食べられないものも出てきます。もちろん、調達することは可能ですがあえてしないのです。そこで子供たちが日本の四季というものに気づいてもらうことが大切だからです。

他の園と比べると季節の行事が多いことも特色の一つです。給食も同様であり、旬なものを食べることを通じて子供たちの豊かな心を育むためなのです。感性豊かな子供たちを育成できるように給食を工夫しているのです。

また、四季折々の食材も可能な限り地産地消を実現すべく、足しげく仕入業者さんのもとへ通っています。そして園で採れた食材を使用することも年々増えています。

榛原学園ではできる限り「和食」にこだわり、だしのとり方から素材一つ一つのうまみを最大限に生かせるように調理

地産地消にこだわった給食

しています。

人気のメニューはなんと「魚料理」です。魚料理はいつの時代も不人気メニューの定番といってもいいほどですが、榛原学園では圧倒的な人気を誇っています。地の利を生かし最もおいしい旬の魚が入手できて、先生方の想いと素材の良さを生かした最高の調理方法があるからこそなのです。

だから、魚料理の日は給食を残さない子供が普段よりもとても多いそうです。そればかりか、ご飯も多めに用意するそうです。おかわりする子供たちが多いからですが、実は先生方もおかわりをするほどなのです。

厨房では栄養士、調理師の先生たちが、園児たちが喜んで給食を食べている姿をイメージしながら、毎日大変な調理を楽しみながら行っています。そんな先生たちが心を込めて作る給食だから本当においしいのです。

園児から「おいしい」という声が聞けるだけではありません。先生たちも朝から給食が楽しみで、午前中からお腹がなってしまうことも多々あるそうです。園児のお母さんからも、先生方からも、料理のレシピがほしいとお願いされることもしばしばです。

和にこだわったおいしい給食は各家庭にもいい影響を与えているようです。家に帰ってきた子供が「今日の給食はとてもおいしかったよ。また食べたいからお母さん作ってよ」とせがまれるそうです。

忙しいお母さんでも時間を見つけて、和食を料理するきっかけにもなり、和食の良さを再発見するきっかけにもなっています。食を通じてコミュニケーションがとれるすてきな園が榛原学園です。

もちろん、アレルギーの子供に対しては最大限の配慮をしています。家庭、病院、担任の先生と話をしながら細やかな対応を心がけ、万全の注意を払い安心安全な給食を提供しています。

2000年頃から増田理事長は献立表の裏面のスペースを使って、新聞や本からの情報などをコピーして配ることを続けてきました。その目的は先生方、保護者の方に読んでもらい、一緒に知識を増やしていきたいという想いがあるからです。

それぞれの園是（社是）

榛原学園では、川崎幼稚園、細江保育園、静波保育園の3園の「あるべき姿」である園是を先生方の手によってつくりました。それぞれの園の先生が全員で参画した点がポイントです。どんな園にしたいのか自分たちの意見を出し合い、何度も何度も話し合い、形にしていきました。

それゆえ、園是には先生方の思いが詰まっていて、園に対する愛着が増していることが見てとれます。また、それぞれが違う園是になりましたが、向かっている方向は一つだと感じられるところが見事です。

■川崎幼稚園「笑顔、幸福、思いやり」

『あるべき姿』
○子供は環境の中で育つ。親に人気がある園ではなく、子供に人気のある園を目指したい。単に親にとって都合のいい園ではだめ。子供が行きたいと思う園。
○日本一子供が喜んで登園する園、日本一信頼される園
○子供の成長を先生と保護者が共感できる。一人ひとり自己を高めようとする。自分たちが外から見ても楽しく幸せだと感じる。

■静波保育園「笑顔と愛を未来へ」

『あるべき姿』
○働いている先生が幸せでいられる園、環境。先生はやりがい、働きがいを感じてい

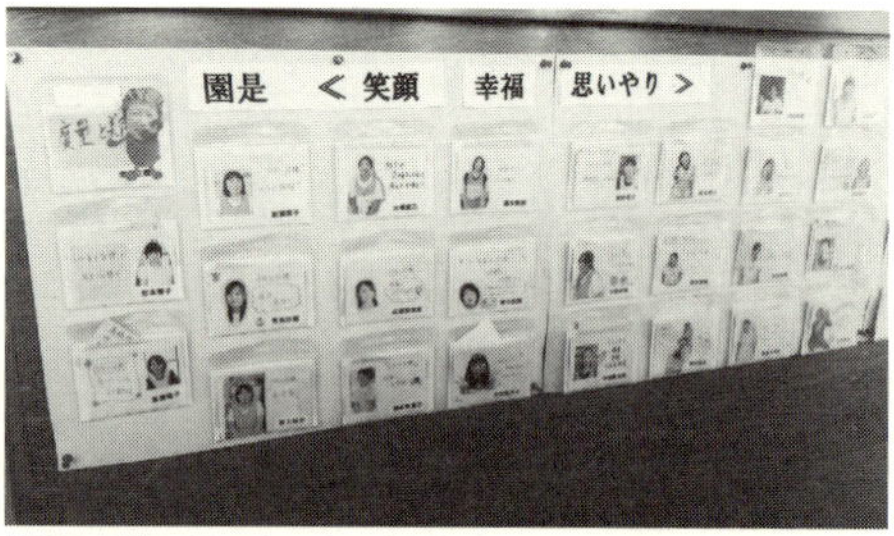

川崎幼稚園サンクスカードポスト

る。そして子供も楽しい。親も安心して預けられる。
○何か問題があった時でも、みんなで解決しようとする園。誰かの問題を自分のこととして考えられる。ひとりじゃない。助け合うことができる
○仲が良い。自分の意見を持っている。お互いに高めあっていくことができる関係。自分の役割を果たして貢献していく

■細江保育園「思いやり、助け合う」

『あるべき姿』
○私たちが関わるすべての人の幸せを実現する園
○おいしい給食日本一。アレルギーの子供に対して密に連絡を取り合えるなど質の高いコミュニケーションがとれる。安心しておいしい給食を食べることができる
○職員同士、子供同士、親同士思いやり助け合うことができる

ありがとうを意識して見えてきたもの

サンクスカードを実施して見えてきた効果や気づきにつ

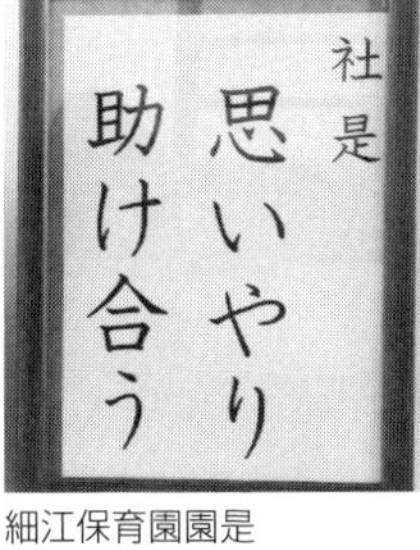

細江保育園園是

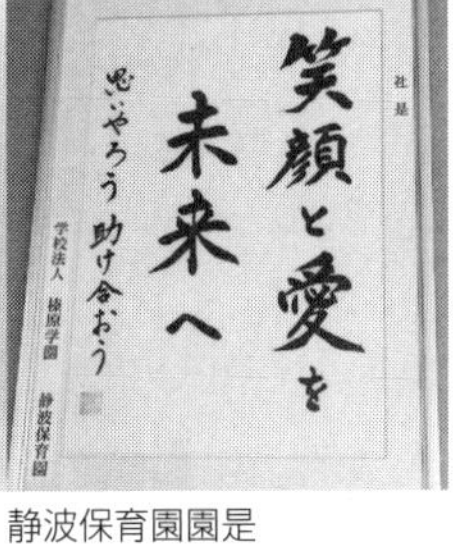

静波保育園園是

いて、先生方のコメントを紹介します。

「サンクスカードをやり始めてまわりにいる人を意識して見るようになりました。例えば、『あれ？給食の先生がなぜ廊下に今いるのだろう？』と思い様子を見ていたら、給食をみんながスムーズに運ぶために準備をしていたからだと気がついたのです。今までは当たり前のように受け取っていましたが、こうした準備があるとは知りませんでした。意識するようになったことで初めて気がつくことができました。気づく力が上がったことを実感します」。

「ありがとうと意識するようになって今まで素通りしていたものが目にとまるようになりました。ニュースや新聞でも『ありがとう』に関連した記事に目がいきます。他の会社でも同じような取り組みをしているところがあると知りました」。

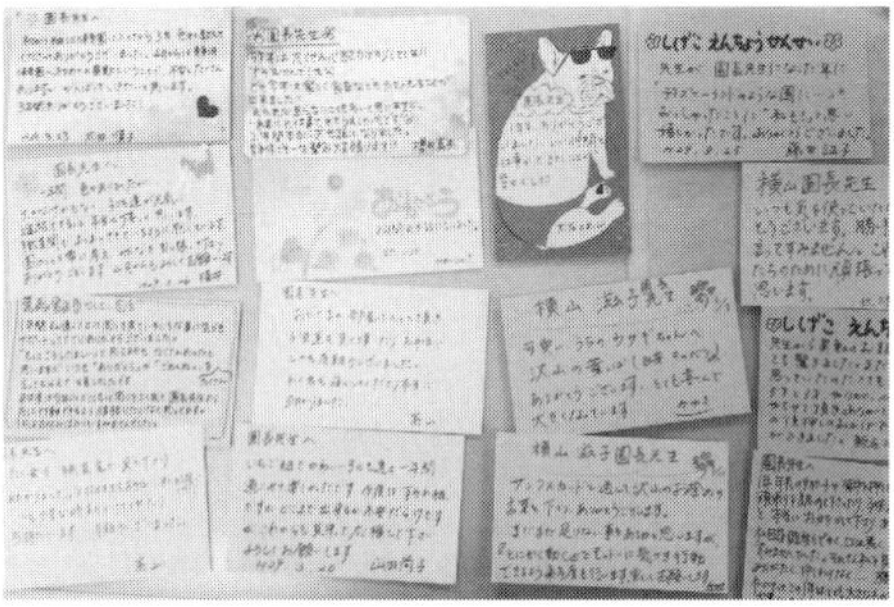
サンクスカード

「誰もが1日24時間であり、私たちの命も仕事も永遠に続くわけではありません。その働いている時間の中でサンクスカードを書くようになって、あらためて仕事のあり方、そして時間の使い方、作り方を考えるようになりました。そしてこれからの日本の将来を担っていく子供たちをお預かりし、教育していくことがどれだけ大きな意味を持つのかを考えるきっかけにもなりました。そのためにも一緒に働いているみんなとより良いコミュニケーションを取っていくことが大切だと思います。それができるのもサンクスカードの素晴らしさがあってこそだと実感しました」。

「サンクスカードをやり始めてとても大きな気づきがありました。今まで深く考えず普通に当たり前だと思っていたことが、本当は当たり前じゃないということに気がつくことができたのです。自分一人で何でもできていたつもりだったけれど、実は多くの人の力添えがあって今の自分があることに気づきました。皆さんに感謝したいです」。

サンクスカードを書くと

先生方に「サンクスカードを書くと○○になる」について、○○に該当する言葉を考えてもらいました。

「笑顔になる、良い気持ち、あったかい気持ちになる、まわりの人のことを考えるようになる、相手の良いところを見るようになる、関わりが深くなる、ポジティブ、前向きな気持ちになる、感謝するようになる、新しい発見がある、良いことをしたくなる、優しい気持ちになる、視野が広くなる、もっと書きたくなる、まわりの状況を見るようになる」などの声が聞かれました。

次に「サンクスカードを書くと○○が待っている」について○○に該当する言葉を考えてもらいました。

「喜ぶ顔、笑顔、幸せ、明るい未来、やる気、サンクスカードを見る楽しみ、充実感、成長、うれしい声、さらに良い関係」などの声が聞かれました。

サンクスカードでより良く変わる

サンクスカードによって園がよりよく変わってきたことを先生方は実感していました。気づきを先生方に語ってもらいました。

・明るいあいさつが交わされ、「ありがとう」が飛び交っている
・先生同士の声掛けが多くなった。会話が増えた
・自分の意見を積極的に言う人が増えた
・先生同士の距離が縮まった。他部署の先生とも話をするようになった
・相手の意見を尊重できるようになった（アドバイスを素直に受け入れられる）

・心に余裕が生まれて気持ちが穏やかになった
・笑い声が増えた
・素直に相手の意見に耳を傾け、前向きな気持ち、優しい気持ちになれた
・早く帰るようになった
人も園もより良く変わることができるのです。

自分なりのこだわりとカイゼン

サンクスカードによって園がより良くなってきたことを実感した先生方は、現状に甘んじず、さらにより良くしようとするカイゼン案を出しました。通常は、それで甘んじてしまい形骸化が始まりますが、榛原学園の先生方はもっと良くしようという意欲にあふれている点が特徴です。

すべてが知恵であり、尊いことです。

ある先生は、自分でいいなと思うデザインのサンクスカードを文房具店で買ってきて、楽しく書いているそうです。

忙しい中で先生方のサンクスカードを書くタイミングもまちまちです。家で夜、落ち着いた時にありがとうを伝えたい先生のことを思い出し書いている先生もいます

し、仕事が終わり帰る直前に時間を作って振り返るようにしている先生もいます。また、思ったらすぐ書くようにしている先生もいます。朝少し早く来て、人があまりいない時間に書いている先生、朝家を出る前に5分でも時間を作り書いている先生もいます。思ったらメモ書きして、月末に一気に書く先生もいます。

先生方のライフスタイルの中でいちばん適したやり方を模索されている様子が伝わってきます。忘れないようにするために、サンクスカードを常に目のつく所に置いておくことを実践している先生もいます。さらに、サンクスカードに先にそれぞれの先生の名前を書いておく先生もいます。

また、ある先生は、自分なりに毎日目標枚数を決めているそうです。書く内容を工夫している先生もいます。なるべく具体的に相手の良いところを書き、それについて思ったことを一言添えるというものです。全員に書くように心がけている先生もいます。

先生方のこれらの工夫は、ありがとうを大切にしているからこそ出てくる知恵なのです。

プロジェクト委員になった先生の声

サンクスカードプロジェクトは、運営のためにカードを集計する係が必要になります。榛原学園では先生方が3カ月ごと交代で受け持つことになりました。忙しい中でこのような時間を作る先生方は大変でも大きな気づきを得たようです。プロジェクト委員になった先生方の声を紹介します。

「一致団結して進めたためスムーズに集計ができた」「先生方のカードを1枚ずつ読ませてもらっていろいろな『ありがとう』を知った」「これだけ多くの『ありがとう』があったことに驚きと喜びを感じた」などの声が聞かれました。

そして、さらに良くするための問題点が次のように挙がりました。

①カードの補充が間に合わないことがあった（予想以上に減るのが早いのはいいことです）

②全員そろっての活動が難しく、集計するにも時間がかかった

③プロジェクトチームから素晴らしいカードを1枚選ぶことになっていますが、それがとても難しかった

④他の人が書いたサンクスカードを読むことに対して初めはすごく抵抗があった

⑤日付、書いた人の名前をどこに書くのか統一ができていなかったため集計にも時間がかかってしまった

⑥サンクスカードポストの位置が見にくいところにあった

そもそも、どんなにいい会社でも、どんなに素晴らしい人財でも、1日働けば必ず問題点が出てきます。問題点は現状をより良くするために必要なヒントとなります。大切なのは、問題点に対して見て見ぬふりをしないことです。

問題点を見つけることができるのも榛原学園の先生方の魅力であり、サンクスカードが形骸化しない要因の一つです。

こうすればもっとよくなること、伝えたいこと

出てきた問題点に対して次のようなカイゼン案が出されました。

①園でサンクスカードを書くことができる時間と環境づくり

②複数担任から係を選ぶ

③名前と日付の統一

④月初めに何枚かのサンクスカードを配る（0枚なしのために）

⑤見やすい場所にサンクスカードポストを移動する

⑥他の人が書いたサンクスカードを見ることも良い経験になるので、全員が見られるようになればいいいと思う

なぜ仲間や園に貢献する意欲が強いのか

榛原学園の先生方の特徴は、仲間や園に対する貢献意欲が極めて高い点にあります。なぜこれほどまで貢献しようとする意識・意欲が強いのかをそれぞれの園の先生方に伺いました。

先生方のコメントは、信じられないほど強烈な使命感や責任感にあふれています。その根本にあるのは、人とのつながりであったり、お互いさまの気持ちであったり、人として大切な部分を高め合おうとする意識です。

■川崎幼稚園

・職業に対しての誇りと使命感が強いからだと思います。

・働ける喜びや感謝とともに子供に関わる幸せと喜

かわいい衣装に先生もニッコリ（川崎幼稚園）

びが良い方向にと考える原動力になるからです。

・園のため、園児のため、職員のためを考えている人が集まっているからです。

・一人一人が責任を持って取り組んでいるからです。責任感、向上心がとても強い人たちがお互いに刺激を与え合っています。

・現状に満足せず、常に向上心を持っているからです。自分だけではなく困っている仲間がいたらお互いに助け合う気持ちを大切にしています。

・子供たちをより良い姿に育てたい（育つための補助、保育をしたい）という願いを共通として持っているから。

■静波保育園

・みんなが人のことを考えられる優しさがあるからです。働きやすい職場にするためには職員間の輪が大切ですが、それをみんながわかっているからだと思っています。

・人を育てる仕事を職業として選んだ人たちが集まっているからだと思います。一人の子供を5～6年間育てていくためには一人の目ではなく、みんなで育てていくことが重要であることを全員が理解しています。日々の保育について話し合いの機会を持ち、共有しています。

・先生という仕事は「人とのつながり」「人を思う、人のことを考える」「仲間のため、子供たちのため」だからです。
・子供を安全に、かつ、安心を与えられるよう預かるためには先生一人一人が協力することが大事だという思いを全員が持っているからです。
・時間内で仕事をするにはお互いを思い、相手の行動を見ながら助け助けられて仕事をしないとなりません。楽しく仕事の時間を過ごすには自分も努力や我慢が必要。
・「働く幸せ」が感じられる職場だからです。がんばろうとする気持ち、誰かのためになろうと思う気持ちが強いと思います。
・未来ある子供たちの未来につながっていくための仕事をしているからです。

■細江保育園

・保育士という仕事は子供を保育するという重大な責任があるために一人の人間として常に成長していなければなりません（基本的な人としての態度

遊ぶときも思いっきり楽しむ先生と園児（静波保育園）

や自分の役割を考え、目標を達成し仲間のためにもがんばれて自分の嫌な仕事も乗り越えて仕事ができて人の嫌なところを言わない。おおらかで地域、障害者にも目を向けられることが当たり前にできている）。役割を常に考えて行動できる習慣は園長、主任たちのそれを思う気持ちの強さが影響していると思います。

・園長、主任が自分たちだけでなく、まずは仲間のことを気遣い、園の目標を達成しようという雰囲気でいてくれるから園長そして園のためにがんばろうという意欲が強くなると思います。また、そんな思いをくんで仲間のためにがんばろう、子供たちのためにがんばろうという気持ちは他のスタッフたちにも良いイメージを与え、伝染していったと思います。

・園全体をより良くしていこうとする気持ちがどの職員も強いです。仕事が大変な時は、声を掛け合ったり手伝ったりする気遣いや、自分の役割を理解し協力する気持ちが強いのです。

みんな真剣、何を作っているのかな（細江保育園）

・どこの園よりも良い園にしたいという（保護者も子供も安心して楽しく過ごしてほしい）思いがみんな強いのではないかなと思います。目指す目的がみんな一緒だからです。

・相手のことを尊重し、思いやりを持っているからだと思う。またそれぞれがより良い園にしたいという思いがとても強いから。

榛原学園の先生になってよかったと思うこと

これまで榛原学園は先生方を徹底的に大切にする園づくりを実践してきました。先生方にあらためて榛原学園の先生になってよかったことを伺いました。先生方の言葉は、一緒に働いている仲間への感謝の気持ちであふれています。

・卒園して大人になった園児が私のことを「とてもいい先生だった」と言っているのを聞いた時、たくさん苦労してつらかったことも一気に吹っ飛び、子供たちと毎日向き合い共に園生活を送ることがどういう意味があるのか実感しました。その子はよく泣いてくる子でわがままな面もある子でしたが、それだけに他の子より私との接触も多く、その子の記憶の中に残っていたのだと思います。一人一人に対応していくのは難しいことも多々ありますが、何年先生をやっていても子供たちを大事にする気持ちを忘れずがんばっていきたいと思います。

・個性豊かな先生たちに出会えたこと、働きやすいこの園で自分らしくいられることがうれしいです。学ぶことがとても多く、そして何よりも助け合う風土があり、自分だけが良ければいいと思う人がいないことがとても素晴らしいです。

・いろいろな先生たちと出会い、刺激をもらい、学ぶことができるところ。

・子供、保護者、先生…たくさんの人との出会いで自分が成長できた。

・本当に困った時に助けてくださる先輩がいるところ。

・最近では教え子が親になり、子供を預けてくれるのもつながりを感じます。

・小さな細かいことにも感謝の気持ちで「ありがとう」という言葉が園全体に行き渡っている点。

・職員同士の絆がとても強いこと。みんな前向きで元気に仕事をしています。

・娘が将来を考え、「母のように生き生きと楽しく仕事をする女性になりたい」と言ってくれた時。私は仕事を優先して自分の子供たちにつらくあたることも多く、寂しい思いばかりさせていると思っていたので、笑顔で仕事をさせてくれているこの職場に感謝しました。

・認定こども園になったことにより保育士資格が必要になりました。還暦を目前にしていた私に園長先生が背中を押してくださり、学ぶ機会を与えてくださいました。病と闘いながら応援してくれた両親の介護と半年間の間に大切な二人を失う年と重なってしまい苦しい年となりましたが、「保育士資格取得」は私の人生において忘れられないこととなりました。学ぶことに前向きでいつも温かく励ましてくださった園長先生に感謝しています。

【向笠園長】

・市の時はこんなことやってみたいと思ってもお金（予算）もなくできませんでした。それが榛原学園では子供たちの環境づくり、ジャングルジム、乳児園庭づくり、あそび環境（おもちゃ、和太鼓など）の購入により、良いものになりました。環境を整えると子供、保育士が生活しやすく楽しく保育ができると思います。キャリアアップが給料アップにつながっていくこともうれしいですね。

【横山園長】

・学園に入った時から理事長先生、事務長先生、園長先生、主任先生が優しく仲良くしてくださり、人間関係が良く仕事がしやすい榛原学園に入ってよかったと思っています。不安でスタートした1年前でした。仕事ができていることの幸せを感じます。協力してくれて自分の任務を果たしてくれたことに対して感謝の気持ちでいっぱいです。不安が喜び、幸せに変わりました。

みんな真剣だから自分もがんばれる

・温かい雰囲気があり職員も園を、保育をよくするためにがんばろうとしている素直でひたむきな人たちが多いと思う。
・日本一の幼稚園、保育園を目指してコツコツと足元を固めながら少しずつ前進しようとしています。
・「子供たちのために」と先生一人一人が時間をやりくりして研修を受け、向上心を高めている人が多いことに感動。自分も負けてはいられないという気持ちになります。

子供たちの成長を感じた時は胸が熱くなる

・子供たちの悔し涙やうれし涙、感動している姿を見て心が育っていることがうれしくて、保育士として逆に心を動かされます。
・できないことを一生懸命挑戦する姿は、人として本当に素晴らしい姿です。
・できる瞬間に立ち会える私たちは幸せだと思います。

・毎日の小さながんばりの積み重ねを一緒に体験することができます。
・子供を通して自分自身の学びにつながり、人生が豊かになります。
・子供たちの笑顔は最高の贈り物だと思います。
・子供が成長した時、子供が喜び満足した時など、子供や保護者と一緒に気持ちを共有できた時は先生になってよかったと思います。

子供たちが幼稚園の先生を目指す

・教え子が今、先生になるために勉強をしていますと報告に来てくれたことがありました。先生のようになりたいと言っていた子供が本当に幼稚園の先生を目指していると聞いた時は驚きと喜びで胸がいっぱいになりました。
・教え子が実習に来てくれました。感激です。

どんな先生を目指していくのか

これからさらにどんな先生になりたいのかを未来志向で考えてもらったところ、次のような目標が語られました。あるべき姿が明確になっているところが先生方の特徴であり、強みです。

・保育士の資格を取れた時のうれしさ、子供たちを見てかわいいと思う気持ちを忘れずに、子供たちと楽しい瞬間を共有できる先生でいたい。
・人対人の付き合いであることを基本に、職員間も園児とも過ごしたい。
・相手の立場で、相手の気持ちを考えられる先生になりたい。
・感情に左右されず、客観的に物事を見つめ判断できる先生になりたい。
・子供たちからも、保護者からも、保育士仲間からも信頼される保育士になりたい。
・人の気持ちがわかる人になりたい。子供や職員、保護者など相手の立場に立って人に寄り添える保育士になりたい。
・子供たちに必要だと思ってもらえるような保育士になりたい。
・苦手なことにも挑戦して子供たちの見本になれるようにしたい。先生もがんばっているよ、一緒にがんばろうと言える先生になりたい。
・向上心を持ち続け、時代のニーズにあった保育とサービスをできるようになりたい。
・まず先に子供のことを考え、子供の思いをしっかり拾い尊重できるようになりたい。子供の姿、言葉から遊びを考え提供し、子供たちと一緒に考えていきたい。まわりのことにいろいろ気づけるようになりたい。思ったらすぐに行動できるようになりたい。

・子供を守り、愛し、小学校入学までに必要な発達課題を達成できるように保育をしていける先生になりたい。

・私は常々子供の心の声が聞ける先生になりたいと思っています。幼い子供は心の中に声にならない思いをたくさん持って園生活を送っているのだと思っています。子供の表情や行動からできるだけ口にできない言葉を拾いながら楽しい園生活が送れるお手伝いができればと思います。いつも笑顔で接することで、子供から安心して心を許せる優しい先生だと思ってもらえるようになりたい。

・子供の成長に喜びを感じ、子供の気持ちに寄り添いながら子供たちを育てていく先生でありたいと思います。幼児期に良いこと悪いことをきちんと伝え、幼稚園が楽しいところと子供たちが感じられるように日々の保育や自分自身がいつでも元気で明るく優しい気持ちでいられるように「笑顔・幸福・思いやり」を合言葉にがんばっていきたい。

・自分の子供を預けたい、見てもらいたいと思えるような先生になりたい。

・子供の気持ちに問いかけ、寄り添い保育できること。常にプロ意識を持ち専門性の向上のため、学ぶ姿勢を持ち、そして温かな人間性を持つこと。

・よく気づき、まわりに気を配ることができる先生になりたい。
・みんなから「先生に任せてよかったよ」と言ってもらえるよう、努力していきたい。
・子供たち、保護者たちに「先生でよかったよ」と言われるよう、日々の保育をしていきたい。保護者たちに安心して相談や悩みを言ってもらえるような先生でいたい。
・明るく子供の気持ちに寄り添う先生。一生懸命な人（先生に対して）。子供のことをよく見てくれている、理解してくれている先生。信頼できる先生（保護者に対して）。一緒に遊んでくれる先生。気持ちを受け止めてくれる先生。元気な先生。楽しい先生。楽しいことを教えてくれる先生（子供に対して）でいたい。
・保護者たちに安心して相談や悩みを言ってもらえるような先生でいたい。

仕事と家庭との両立をどう考えるのか

行政を中心に女性活用や働き方改革が盛んに叫ばれています。榛原学園の先生方は働く女性として、母親として、仕事と家庭との両立を実現してきた方々です。結婚をして子供ができた時どんな働き方を選んできたのか、また、これからの先生はどんな働き方を選ぶのかを聞いてみました。

・子供ができて一度仕事を完全にやめて、子育てに集中しました。

・自分の子供は3歳までは自分で育てたいと思います（このことに関しては9割の先生がそう思っている）。

・すぐに働きたいと思っていたので、1歳になる前から復帰しています。

・復帰してからは時短で、子育てと仕事の両立を図っています。

先生方はそれぞれ考え方が違いますが、どうしたいかということが明確になっている点が共通しています。また、これから子育てを迎えられる先生に対しては、同じ女性として、母親として気持ちがわかるからこそ助けてあげたいという気持ちを強く持っています。

・自分自身の経験ですが、私はすぐに働き出していたので、初めて子供が歩いた瞬間を見ることができませんでした。当時子供がいた保育園で子供が歩いた話を先生から聞いた時は、うれしい気持ち以上にショックが大きかったです。だから今はできる少し前にお母さんに情報を伝えるようにしています。「もうすぐ歩けそうです」「あと少しで逆上がりができそうです」。そうすれば土日のお休みの日に家族で初めての瞬間を見ることができるかもしれないからです。

・がんばっているお母さん先生は心から応援したいと思います。
・朝のバタバタ、帰りお迎え時のバタバタは手に取るようにわかります。自分自身も常に時間に追われ動いていたからです。だからこそ安心できるように言葉掛けをしたいと思います。
・全員が働きやすい職場になればその環境の中で過ごす子供たちは、優しく愛ある思いやりのある子供たちへと育っていくと思うので、そんな保育園を目指せる職員になりたいです。

未来に向かって

榛原学園の先生方の取り組みは、人はより良く変われるし、所属する園もより良く変わることができることを示してくれました。より良く変わる尊さを先生方は実体験で示してくれたのです。変わらないことがいちばんのリスクです。より良く変わろうとすることが成長なのです。

静波保育園の向笠園長と杉本主任が2017年春に退職されました。残る先生方は最大の「ありがとう」を送られたことでしょう。春からは週に何度か来るような形になりました。後任は大石先生が園長に、そして塚本先生が主任になり、陰ながら支えてくれています。

大石先生、塚本先生の対応がさらに素晴らしいものに見事に変わりました。これまでもすごい先生方でしたが、自分たちがやらなければならないという自覚と危機感を持たれたからこそ、さらなる行動の変化につながったのだと思います。

静波保育園はますます「ありがとう」が飛び交う園になっていくことでしょう。向笠園長の想いは確実に受け継がれていきます。

農業生産法人　株式会社ザ・ネクストワン

有名ハンバーグ店のおいしさをこだわり抜いた野菜で支えている会社

ネクストワンを支えるスタッフのみなさん

社名	●農業生産法人　株式会社ザ・ネクストワン
経営理念、社是	●共に楽しく 共に挑戦し 共に成長して仕事を通じて幸せを体感するために存在する
創業・設立年月日	●2002年5月1日
従業員数	●社員6名、パート45名（2017年4月現在）
代表者名	●代表取締役社長　羽田真吾
事業内容	●カット野菜製造・加熱加工品製造・農産物生産
本社所在地	●焼津市相川1241-1
電話番号	●054-662-0280

静岡県には「炭焼きレストランさわやか」というおいしいハンバーグの店があります。知らない人はいないと言ってもいいほどの人気で、行列客が外にまであふれるほど混んでいます。さわやかは優良企業としても有名な会社です。

さわやかに行くといつも満席です。お腹をすかせながら待っているとようやく席につくことができました。早速名物の「げんこつハンバーグ」を注文し、しばらくすると店員が丸い形のハンバーグが乗った鉄板を持ってやってきます。手慣れた手つきでハンバーグを2つに割り、さらに鉄板に押しつけます。そして、オニオンソース（デミグラスソース）をハンバーグにかけます。その瞬間、「ジューッ」と肉汁とソースが香りと共にはじけ飛びます。お客さまはソースが跳ね終わるまで紙のシートの端を持って待ちますが、その間、食欲は最高潮を迎えます。

ようやくソースが跳ね終わったのを確認して、待ち望んでいたハンバーグをひと口。たちまち口の中で広がるおいしさに格別の感動を覚えます。静岡県に住む人ならば、多くの人がこのような体験をしたことがあるのではないでしょうか。

さらに、ハンバーグの横にある付け合わせの野菜がよりおいしさを引き立ててくれます。甘く、絶妙な風合いで調理された野菜のほとんどは、株式会社ザ・ネクストワンでつくられています。そのおいしさは、人を大切にする経営を実践している会社が作り出している味なのです。

新入社員に預けたのは500万円の預金通帳

もし、あなたが入社して間もないのに、社長から500万円のお金が入っている預金通帳と印鑑を渡され、「新規事業をよろしく頼むぞ」と言われたとしたらどう感じるでしょうか。また、あなたが会社の社長であったとして、入社間もない人に500万円の入った預金通帳と印鑑を渡すことがあるでしょうか。普通ならばこうしたことは考えられませんが、実際にそのようなことがあったのがネクストワンです。

羽田社長は新しい工場を立ち上げる時に、入社間もない高橋さんを工場長に抜擢しました。高橋さんは派遣社員として本社工場で働き始めたばかりでしたが、仕事に対する実直な姿勢と大手スーパーで生鮮品を取り扱ってきた経験を買われたのです。「正社員になって新しい工場を立ち上げてほしい」。羽田社長は高橋さんにこうお願いし、通帳と印鑑を渡したのでした。通帳には約500万円のお金が入っていました。

高橋さんは、自身のまわりでとてもつらいことが起こり、一から出直そうとしている時でした。入社間もないことに加えて心身共にボロボロの自分に羽田社長がそのようなことを言うとは夢にも思っていませんでした。

工場長となる決心を固め、奮起しました。必要とされたことがとてもうれしかったのです。相当のプレッシャーがかかりましたが、それに立ち向かっていったのです。「自分のことを見込んでくれた社長を絶対に裏切る結果を出してはならない」。その危機感が自分の能力・魅力を最大限に発揮することにつながっていったのです。

高橋工場長は、本社工場に追いつき追い越せとばかり、材料の仕入れから加工、運搬までの一切のマネジメントを極めて高いレベルで実現させていきました。常に本社工場と比べられることを逆に意識し、「言い訳をしない」ことも徹底しました。その源には、計画、実行、チェック、カイゼンのサイクルを愚直なまでに回すことと、整理、整頓、清掃、清潔の徹底、そしてコミュニケーションを大切にしてきたことにあります。羽田社長が自分に任せてよかったと思ってもらえるようにするには、まず情報に関して不安に思わせないことだと考え、自ら進んで報告、連絡、相談を徹底させ、積極的にコミュニケーションを図っていったのです。

コミュニケーションを大切にする姿勢はパート社員に対しても貫かれています。自分の夢や目標を積極的に語り、かつパート社員の悩みを聞き、働きやすい職場環境づくりを進めてきました。一人一人の技量を正確に把握し、1分1秒単位で生産計画をつくることができるようになりました。1分1秒まで計算し尽くされた仕事の段取りが展開できるのです。

時には自分の技量を積極的に披露し、パート社員をさらなる高みへと導いています。その姿勢に共感してくれた人たちが今でも高橋工場長を支えてくれています。パート社員の皆さんにヒアリングをすると「高橋工場長はすごい人です」と全員が言います。その力は本社工場にまで知れわたっており、その実力をみんなが認めています。

高橋工場長は当時を振り返ってこう言います。「社長が自分を信じ、チャンスを与えてくれたことがとてもうれしかったです。絶対に期待に応えなければならないと思いましたし、期待以上のことをして社長に恩返しをしたいと決意しました。それはこれからも変わりません。初志貫徹です。何とかここまで来ましたがまだまだです」。

羽田社長が素晴らしいのは高橋工場長のや

常にスタッフのために行動する高橋工場長

り方に余計な口出しをしなかった点です。大金を預けているのですから、いろいろと口出しをしたくなるのが普通なのかもしれませんが、羽田社長は違いました。その時のことを次のように振り返ります。「自分が見込んだ人ですからね。任せることが誠意だと思いました。裏切られたとしたら自分はそこまでの人間だったと諦めがつきますしね」。

人を信じる姿勢、人に任せる勇気、そして感謝の気持ちがネクストワンには貫かれています。

ネクストワンとは

ネクストワンは静岡県焼津市にある野菜のカット事業を中心にさまざまな農作物の生産を展開する農業生産法人です。正式名称は、「農業生産法人　株式会社ザ・ネクストワン」です。

創業年は、2002年5月、従業員数は社員が6名、パート社員が45名です。圧倒的に女性スタッフが多く、フレキシブルな勤務体系で会社を支えています。2017年5月に創業15周年を迎えます。

ネクストワンは以下の経営理念（皆さんは「存在意義」と呼んでいます）のもと、

社員とパート社員に支えられ着実に成長している会社です。

「**株式会社ザ・ネクストワンは、共に楽しく、共に挑戦し、共に成長して仕事を通じて幸せを体感するために存在する**」

「共に楽しく」とは楽（らく）を求めることではなく、大変な仕事でも率先して行動することでその先にある楽しさを見つけようとすることです。「共に楽しく」を示す具体的な行動指針は次の通りです。

- **明るく大きな声であいさつ**
- **明るく楽しい雰囲気の職場づくり**
- **苦手な仕事からも喜びを感じられる意識改革**

「幸せとは」（仕事を通じて自分自身が幸せを感じ喜びを得ること）

- **みんなに自慢できるような会社**
- **家族に「ネクストワンに勤めていて良かったね」と思われる会社**

「共に挑戦し」とは、現状維持や平凡でいいという考え方から脱し、よりいい人生、よりいい仕事を追求していこうとする姿勢のことです。リスクに果敢に挑戦することがネクストワンでは求められます。具体的な行動指針は次の通りです。

- **ワクワクする仕事に取り組みます**

・新しい仕事に積極的にチャレンジします
・難しいと思える仕事にもチャレンジします
・今日の自分より明日の自分がキラキラ輝けるように挑戦します
・まわりの人たちをハッピーにさせることに挑戦します

カット野菜の業界も技術の世界でしのぎを削っています。現状維持ではすぐに同業他社に追い抜かれてしまいます。厳しい業界にいるからこそそれをチャンスと捉え、お互いが切磋琢磨し、新しい自分を見つけようとする姿勢を大切にしようという思いが経営理念に込められているのです。

「共に成長し」とは、技術面の成長だけではありません。「人として正しく」行動できるようにするために、日々、より良く自分を変えることができたかどうかなのです。「成長」とは、会社の仕事を通じ、みんながそれぞれ成長を体感できること。

・難しい仕事やできなかったことを努力し体得すること

人は誰でも挑戦するからこそ成長することができます。そのためにネクストワンでは必ず一日を振り返り、何ができたか、何が問題点だったかのチェックとカイゼンを実施します。

「共に楽しく」あるためには、自分のことよりも、仲間のためになることが求められます。

ネクストワンも価格競争をしません。価格競争から脱する技術を構築していくためにもこれらの経営理念を愚直に実践することが求められるのです。

そして、これらを生み出すのは他でもない「人財」なのです。

社員の心がけとNGワード

ネクストワンには、経営理念・存在意義に続くものとして「社員の心がけ」があります。

①　姿勢は正しくしなければならない
②　意思は安定させなければならない
③　顔色はおだやかにしなければならない
④　気持ちは和やかにしなければならない
⑤　言葉は手短にしなければならない
⑥　心には思いやりを持たなければならない
⑦　志は高く持たなければならない
⑧　すべての機会に手抜かりがあってはならない

また、次の言葉がNGワードとして決められています。これらは、会社をマイナス思考に陥れる言葉であり、絶対に使わないようにしています。

① 無理
② 難しい
③ できない

がんばり方を見える化

ネクストワンで働くスタッフは、社員だけではなくパート社員も含めてがんばりが確実に評価され待遇が向上する点が魅力です。

カットされた野菜は一つとして同じ形がないといっても過言ではありませんが、どんな部位でも求められた容量で正確無比にカットし、素材の新鮮さと最高の味を引き出す高い技術が求められます。それゆえ、カットする技術者の技量によって味が変わってくるのです。

技術者はより高いレベルに到達することが求められますが、標準化することがなかなか難しい点が難点です。その部分に羽田社長は挑戦しました。社員とパート社員と一緒になって一つ一つの仕事を細かく分析し、レベルを明らかにしたスキルマップを作成したのです。これによりパート社員は自分がどのスキルを得れば、時給が上がるかもわかるようになりました。目標が明確になることで、社員の生産性が大きく向上したのです。がんばるパート社員に対して徹底的に大切にする姿勢です。

羽田社長はパート社員に対して次のように言います。「うちの会社ではパートさんは生命線であり、本当に良くやってくれるパートさんには感謝の気持ちしかありません。だから働きやすいようにすることが自分の使命だと思っています。パートさんも子供の成長と共にニーズが変わってきます。子供が小さい時はフレキシブルに勤務できる体制、子供が大きくなるとなるべく長く働きたいというニーズが増えてきます。それらに対応した会社づくりを常に考えています」。

ネクストワンでは子育てが一段落したお母さんが、フルタイムパートで働いてもらえるよう準備を進めています。

勤続年数10年のパートさんを表彰

スタッフ全員が誇れる会社

スタッフの皆さんは、ネクストワンで働くことに誇りを持っています。会社の良い点についてヒアリングをすると、次のような感想が出てきました。

まず、非常に多くの人から聞いたのは、「人間関係が圧倒的に良い」という点でした。「会社の社風そのものがいい」という意見も同じ程度ありました。それもそのはず、働いているスタッフは、常に意識が高く前向きで、会社がより良くなるよう積極的に考えているのです。

次に、働く時間や休みが希望通りに取ることができるという点も多くの人が挙げました。ネクストワンでは女性スタッフの割合が非常に高く、9割以上が女性スタッフです。子育てをしているスタッフも多い中で、フレキシブルに働くことができる環境は何よりも有り難いことです。

さらに、「しっかりと評価をしてくれて時給アップのできる会社である」という意見を出してくれた人も多くいました。成果の見える化を図るために、スキルマップの作成に挑戦し、機能させるよう努力しているのです。また、人財教育面でも積極的でいいという意見がありました。新入社員の意識が変わったということに気づいたスタッフもいます。

ネクストワンは、コミュニケーションをとても大切にしている会社です。わからないことがあれば、ざっくばらんに聞くことができる社風です。聞けば丁寧に教えてくれるので、仕事にも会社にもすぐに打ち解けることができます。お互いに助け合う風土ができています。

おいしいハンバーグを支える野菜

前述したとおり、「炭焼きレストランさわやか」の野菜は多くがネクストワンで加工され、一部は自社農園で収穫されたものなのです。野菜へのこだわりがハンバーグのおいしさをより一層引き立てているのです。

ニンジンやブロッコリー、ジャガイモも最高品種であり、「さわやか」のこだわりにより国産を中心に品質の良い素材を入手するには手間がかかります。その最高品種の野菜に対して最高の技術を持った職人が手

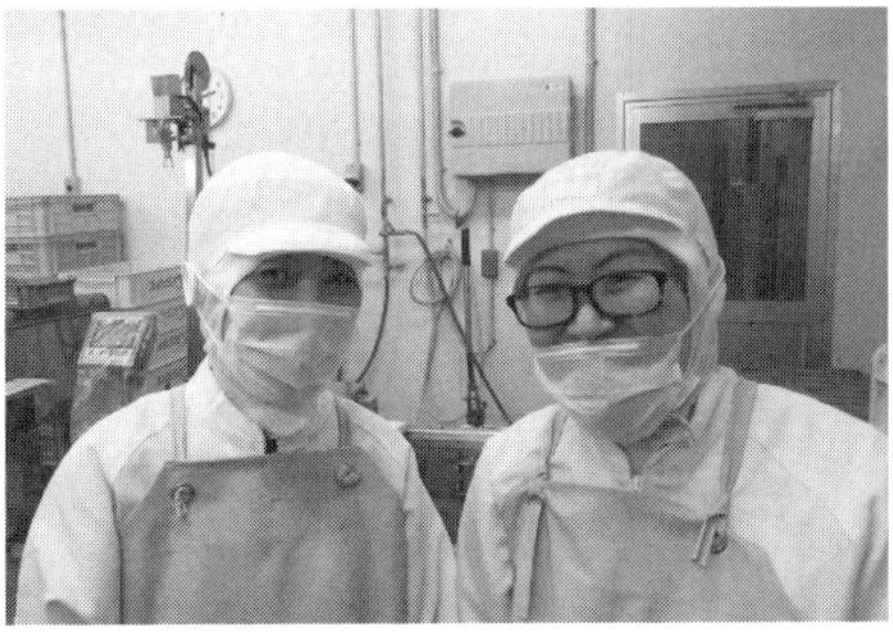

パートさんの笑顔に支えられている

作業によって最高のカットを施します。

一つ一つの野菜が新鮮さを失わない知恵と工夫があります。例えばニンジン一つ一つの形は違いますが重量や質感、味はどれも見事に同じです。それができるのは、お客さまがもっともおいしく召し上がる状態を想定してカットしているからです。もちろん、徹底した品質管理によって生み出されます。

手作業に徹底的にこだわる

ネクストワンは会社全体で極めて高い技術を誇っているのが強みでありますが、その核となるのは、大塚さん、山下さんの女性スタッフの技です。2人の包丁さばきはまさに神業です。間近で見ていると惚れ惚れするほどの正確さとスピードです。

例えば、ニンジンは先が細くなっていますが、どのような形状の野菜でも重量や大きさをそろえることで店舗での調理時間や味に差異が生じないようにカットされているのです。一つもムダな作業はありません。この技がハンバーグの野菜を支えているのです。「さわやか」では野菜もおいしいと評判のようですが、それを支えているのがネクストワンのこの手作業による技術なのです。

そもそもなぜ価格競争をしない小さな会社が有名なハンバーグ店とお付き合いでき

るのでしょうか。それはネクストワンの「人財」がつくり出す安定した品質と整ったカットサイズが圧倒的な差別化を生み出しているからです。

「価格」ではないのです。それを「さわやか」も評価してくれているのです。「さわやか」は優良企業としても有名です。いい会社は社員だけでなく協力企業を大切にするという条件がありますが、同社も産地、加工業者、取引先に対して徹底しているのです。

こだわりの品種を「さわやか」と協力して探し、手間をかけてでも入手し、その品種に最も適したカットの仕方を考え、標準化を図っていきます。一個一個カットされた野菜は2つとして同じ形のものはありませんが、重量、質感、味は寸分の狂いもなくぴったりと所定の範囲内に納まっています。これまで試行錯誤を繰り返しながら何十万個という野菜をカットしてきたからこそなせる技です。また工場内は整理、整頓、清掃、清潔が行き届いていることは言うまでもありません。

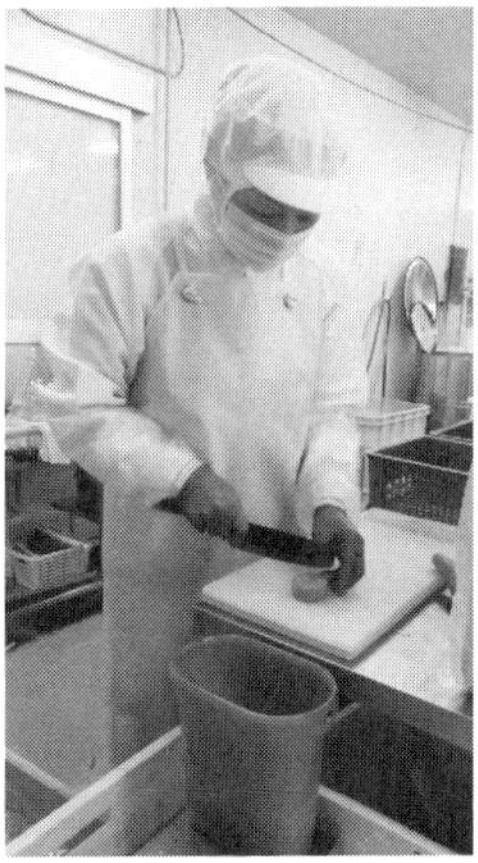
正確無比に人参をカットしている様子

いい連鎖がさらに自分を高める

ネクストワンの仕事は自分のがんばった仕事が直にお客さまに喜ばれることを体感できます。スタッフの皆さんは時々ハンバーグを食べに行きます。現地、現物、現認主義でお客さまの表情を見にいくのです。まわりのお客さまが野菜をおいしそうに食べてくれるのを見るととてもうれしくなるそうです。自分がつくった商品が店頭に出て、お客さまから喜ばれている光景を見ることで仕事へのモチベーションがさらに高まります。

羽田社長の人を大切にする姿勢と味へのこだわり、それを見事に体現している高橋工場長と森元工場長、そしてスタッフの皆さんの努力が多くのお客さまに喜ばれているのです。そのレベルに至るまで絶え間ない品質へのこだわりがあります。品質、コスト、納期の面で最適な答えを導き出すために常に努力をしているのです。それにより仕事に誇りを持つことができるのです。

ハンバーグと共に野菜が残されることはほとんどありません。残っているのを見つけた時は落ち込みますが、もっとおいしい野菜を提供しようと決意を新たにするそうです。そうした良い連鎖がネクストワンにはあります。

女性活用の現実

ネクストワンの技術の高さを支えているのはパートの女性スタッフです。しかし、ネクストワンで働こうとしたきっかけは、案外単純なことなのです。初めから高い志を持っていたわけでないのです。

初倉工場の田代さんが働こうと思ったきっかけは「家から近い会社だったから」と笑いながら答えます。「子育てをしながら融通の利く働き方をさせてもらってきたネクストワンに本当に感謝しています。昼休みに家に戻って子供の面倒を見ることもありました」。今では初倉工場の屋台骨を支えるスタッフとして大活躍しています。

初倉工場の高橋工場長は言います。「初めはどんなきっかけでもいいのです。入社してくれればやりがいを得られるような仕事をしてもらおうと私が努力することで、いい方ならば次第に

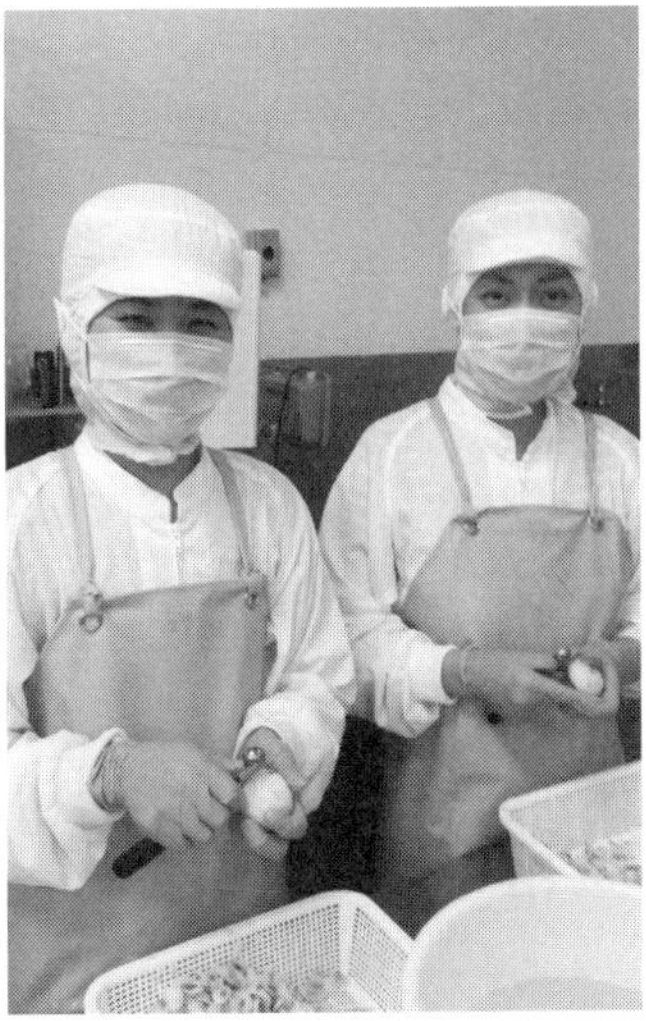

ジャガイモをカットするスタッフ

変わってくれます。今残ってくれている人はみんな自分を支えてくれた方々です」。

　家から近い会社を選ぶのは、育児や家事をする女性にとってとても大切な要素です。田代さんは言います。「子育てが一段落しつつあり、これからもっと長く働けるようにしたいのですが、例の扶養の範囲内というのが足かせになりそうです」。女性のパート社員はいわゆる扶養の範囲内で働いている人が多いため、残念ながら上限が決まってしまっています。高い技量がある女性スタッフにとっては足かせとなっていることも現実なのです。国ではその上限が上がる動きが出てきていますが、田代さんのような方には大歓迎です。

　今、わが国で女性活用が積極的に進められています。働くことに対して初めから高い意識を持って望む人は決して多くありません。仕事の質よりも生活費のプラスを求めている女性が圧倒的に多いのです。しかし、そういった女性でも働いているうちに次第に働く喜びが得られるようになり、かけがえのない人財として力を発揮してくれるようになることをネクストワンは示してくれています。

　初めはどんなきっかけであれ、次第に働く意欲が出てくるような仕事の仕組みを考えることが大切だと思います。特に結婚して子供を育てている女性は、子供の成長ステージによって仕事へのニーズも変わってきます。フレキシブルに働くことから、次第に長い時間働くことへ変化していくのです。それに合わせた働く環境づくりをしていくことがかけがえのない人財が末永く働いてもらえるようになる秘訣ではないでしょうか。

障がいのある人たちも活躍

ネクストワンでは心身に何らかの障がいのある方々に対しても仕事に就いてもらえるように積極的に機会をつくっています。

インターンシップにも積極的に協力し、就業体験の機会をつくっています。ある女性が一生懸命働いていました。その時から責任ある仕事を任され、大変ながらも実践してきました。彼女のがんばりは同じ場所で働いているスタッフを感動させるものでした。

羽田社長が言いました。

「うちの会社で働いてくれないだろうか？」

彼女は答えました。

「ぜひネクストワンで働かせてください」

彼女はインターンシップで仕事を体験した後、正式に採用されることとなりました。羽田社長はこのように言います。「どんな仕事も人の役に立つものであり、感謝されるものであるから責任があるはずです」。このことは、障がいのある人に対しても同じです。もし、仕事に対して真剣さが認められなければ、他のスタッフと同じように怒られます。

真の働く喜びを得るためには、「仕事は大変だけど楽しいということを実感してもらわないとならない」という強い信念が羽田社長にあるからです。そして、どんな人でも「あいさつ」を徹底するように進めています。あいさつがしっかりできることで仕事に対する責任感が生まれるからです。

5年後の自分

ネクストワンでは若者も夢を追える会社づくりを目指しています。ネクストワンには入社1~2年目の若手社員中川さん、村松さん、長谷川さんの3人がいます。

全体会議の場で中川さん、村松さんは「5年後の自分」というテーマに対し、考えてきたことを自分の口で発表しました。ルールとして、どんなことを考えても批判厳禁で聞くことを約束しました。

村松さん、中川さんそれぞれへの質問と回答は次の通りです。

質問1．5年後、あなたは何歳ですか？結婚はしていますか？子供は何人？

村松さん「25歳。結婚はしていません。積極的に自分から行動していないので」

中川さん「31歳。結婚はしていません。そんな余裕はないと思います」

質問2．どんな仕事を任されていますか

村松さん「作業場間でのリーダー的存在です。納期に対しての在庫管理や人の配置を細かく計算して、それに対して製造作業をしています」

中川さん「人に必要とされる仕事ならばどこでも任されたいです」

質問3．部下は何人いますか？

村松さん「3人います。部下に対して仕事、私生活の面で相談に乗っています」

中川さん「後輩が2人います」

質問4．後輩にはどんな先輩だと思われていますか？

村松さん「仕事のことについては厳しく、仕事以外のことに関しては優しく頼れる先輩でしょうか」

5年後の自分を発表する中川さん（右）、村松さん（左）

中川さん「かゆいところに手が届く、ちょうど良くできる人だと思われたいです」

質問5．会社は今と比べてどのように変わりましたか？

村松さん「売り上げは右肩上がりで、取り扱っている野菜も従業員の数も増えています。知名度に関しても、今よりはるかに知れわたっています」

中川さん「20周年で建物が新しく大きくなっているはずです」

質問6．5年後の自分のサブタイトルは？

村松さん「成長した自分」

中川さん「潤滑油」

質問7．5年後の未来の自分に現在の自分がかける言葉は？

村松さん「期待しているぞ！」

中川さん「何度でもあきらめずに前を向いて過ごせ」

プレゼンが終わった時スタッフからは大きな拍手と「がんばれよ」の声が聞こえてきました。

このように5年後のあるべき姿を具体的に決めることはとても大切なことです。あるべき姿や目標と現実とのギャップを認識することも勇気がいることですが、ぜひ一歩踏み込んでほしいと思います。ギャップを認識することは「気づき」です。だからこそ日々の目標ができるからです。

そのためには、常に「このままではいけない」と強い危機感を持つことが大事です。「まあいいや」という気持ちが芽生えるとそれに流されてしまうからです。

中川さんの「何度でもあきらめずに前を向いて過ごせ」、村松さんの「期待しているぞ！」という5年後の自分自身からの声を忘れずに、少しずつコツコツとカイゼンを積み重ねていけば、5年後はきっと目標が達成されているはずです。

若者が夢を追える環境を

次に長谷川さんの5年後です。ネクストワンには農産部があり、入社2年目の若い長谷川さんが夢を追って日々畑で農業に励んでいます。村松さん、中川さん同様全体会議の場面で2020年までの目標をプレゼンする機会があり、次の目標を発表しました。

長谷川さんには2020年までに達成したい大きな夢が三つあります。

一つは自分の名前がついた野菜ブランドをつくり、世の中に広めたいという夢です。ブランド名は「倖友（こうゆ）」と言います。人、そして友を幸せにする野菜をつくるという願いが込められたすてきな名前です。

二つめは焼津で一番おいしいキャベツをつくり、焼津でキャベツと言えば、「ネクストワンの倖友」と言われるようになることです。

三つめは、「さわやか」で使うニンジンはすべて自分がつくったものを提供したいという目標です。

もちろん、安心・安全面でも圧倒的に優位に立ちたいと考えていますが、「倖友」とは人を幸せにする安心安全のブランドです。

長谷川さんは最後に次のように締めくくりました。

「倖友」のブランド化を目指していくために次の「7つの声掛け」を実践し、誰もが甘くておいしいと感じ、幸せな気持ちになれる農作物を誕生させたいのです。
①『土を耕すとき』は、野菜のベッドとなる土を過ごしやすい場所にするために、「野菜たちのために気持ちよくなってね」と言いながら耕します。
②『種まきのとき』は、「無事に出てきてくれよ、俺も頑張るから、お前も頑張れよ」と元気な芽が出るように願いを込めて行います。
③『水やりのとき』は、種たちが怒らないように、思いを込めて。水やりは大切なところだからもっと気持ちを入れていきます。
④『芽が出てきたとき』は、感動する瞬間です。帽子を取って一礼し、「ありがとう

ございます。お疲れさまです」と感謝の気持ちを伝えます。

⑤『雑草が出てきたとき』は、これまでは「お前の出てくる幕じゃないぞ」と抜いていたけど、「ごめんね、お前たちの分も大きくするからね」と言って抜くようにします。

⑥『試し取りのとき』は「もうそろそろかい？」「もういいかい？」と聞いて「もういいよ」という声を聞くようにします。

⑦『収穫のとき』は「ありがとう、本当によく育ってくれたね。おいしく料理されてね」と感謝します。もしあまりよくなかったら、「ごめんね、次はもっと上手においしく作るからね」と謝ります。

お客さまにはいろんな「キャベツ」を食べてみた中から、明らかに「倖友」だとわかる味にしたいと長谷川さんは目標を持っています。これから「さつまいも」などの収穫時には、近くの幼稚園などに声を掛けて、芋掘り体験などを実施していきたいということでした。

農産部の長谷川さん「いい人参ができました」

プレゼンを聞き終わったスタッフから大きな拍手が起きました。長谷川さんの農作物に対する愛情が伝わってくる取り組みです。ネクストワンには若者が夢を追える環境があります。

工場長としての「あるべき姿」

ネクストワンを支えているリーダーは、本社工場の森元工場長、初倉工場の高橋工場長の2人です。工場長として求められる資質は、「人として正しく」「人を思いやる」の2点が挙げられます。そして、リーダーの基本的姿勢として次のことが決められています。

・部下に対して平等に対処すること
・部下に対し、愛情ある指示（指導）をすること
・感情に左右された指示（指導）はしないこと（心は熱く、頭はクールに）
・出した指示（指導）の影響を深く考えて行動すること
・常に部下からも見られていると思い、行動にも配慮すること
・片付けや整理整頓、大変な作業は率先して行うこと（自分がどうしてもできない場合は、代わりに行っている者に配慮すること）

リーダーは、どんなに素早く質の高い仕事をしていても「人として正しく」「人を思いやる」ことが実践されていなければ評価されません。パートの女性スタッフが多く活躍しているので、女性に優しい工場でないと働くことが苦痛になってしまいます。

例えば、あるパート社員が重い荷物を持とうとしたら、工場長は自分の手を止めて助けようとします。どんなに自分の仕事が忙しくてもです。「見て見ぬふり」をすることの方がいけないと考えているのです。パートの女性は「今日も工場長のおかげでいい仕事ができました」と言って、子供たちが待つ自宅へと帰って行くことが「あるべき姿」なのです。

森元工場長は次のように言います。「自分の最大の目的は、働いているすべての人が、正社員だろうとパートさんだろうとネクストワンに勤めていて幸せだったと思ってほしいということです」。

これがあるべき姿です。「誰かが困っていたら反射的に助けられるように訓練しています。自分の仕事がストップしても、『見て見ぬふり』をすることの方がいけないことなんです」。

工場長は常に厳しく自分自身を見つめています。品質、コスト、納期の全体最適を図るために、あえて憎まれ役を買って出ることもあります。しかし、絶対に正しいことを踏み外していないので人望があります。常に気を配り、目を配り、心を配ることが工場長に求められているのです。

羽田社長の哲学

「共に楽しく、共に挑戦し、共に成長して仕事を通じて幸せを体感するために存在する」という経営理念は、羽田社長の生きざまそのものであると言えます。

羽田社長は「もし今日死んでも、悔いがないように生きる」と日頃から言っています。そのために経営理念を実践していると言ってもいいでしょう。それゆえ、信念が揺らぐことはありません。

そして、ネクストワンが今日まで続けてこられたことを次のように振り返ります。「スタッフに対しても本人に変わりたいという気持ちがある限り、何度も何度もチャンスを与えます」。経営理念を愚直に実践し、最後まであきらめない、希望を捨てないことが羽田社長の真骨頂です。変わろうとする意識がある社員に対しては、どんなに失敗を繰り返してもチャンスを与え続けます。

それは森元工場長に対しても同じでした。

森元工場長の悩み

工場長としての「あるべき姿」が実践される前のことです。森元工場長は工場長を任されながらも自分の力が存分に発揮できていないと悩んでいた時期がありました。

本社工場は、高橋工場長が率いる初倉工場とは違って、常に社長がいます。技術的にも断然優れ、かつ、尊敬されている社長、そして大塚さん、山下さんという森元工場長よりも経験も実績もある女性スタッフがいます。森元工場長はその状況で工場長という大役を任されたのです。

自分よりも技術力がある人たちがいる中で工場のリーダーを任されれば、誰でも大きなプレッシャーになります。森元工場長はつい遠慮がちになり、小さな問題点を見て見ぬふりをしてしまったり、自分がやらなくても誰かがやってくれるだろうと思ってしまったりする日々が続いたそうです。その結果、本社工場で働くスタッフは「森元工場長は私たちのために動いてくれない」と思うようになっていきました。

しかし、スタッフからそのようなイメージを持たれてしまったことに森元工場長は気がつきませんでした。当時は自分からスタッフとコミュニケーションを取って問題点を見つけようとする姿勢が今と比べるととても少なかったそうです。それゆえ、自分に関する問題点も耳に入ってこなかったのです。しかし、森元工場長は自分はそこそこできていると思っていたのです。

ある日、森元工場長は社長に呼ばれました。「このままではスタッフの不満が大きくなる一方だ。スタッフの不満を聞いて解決するのが工場長の仕事だぞ」。

その社長の言葉でわれに返りました。ようやくスタッフから常に厳しい目で見られていることを理解したのです。これまでの悩みは自分の勝手な思い込みだったと気づいたのです。森元工場長は、強い危機感を持ち、「このままではいけない」と考えました。

特攻隊員の遺書を読んで

森元工場長は当時を振り返ります。「自分はそれまでそこそこ器用に仕事をしていると思っていました。しかし、それは勘違いでした。工場長としては完全に物足りないのです。人に常に喜ばれる仕事ができていなかったのです。工場長の仕事は、働くスタッフが働きやすいように気を配り、モチベーションと生産性を共に高めていく仕事です。そこにそこそこ感が出てしまうと、パート社員も含めて不平、不満が出てきても見て見ぬふりをしてしまうのです」。

森元工場長は変わろうともがき苦しんでいました。しかし、自分の習慣を変えることは至難の業でした。そんな時、特攻隊員の遺書をまとめた本と出合いました。

「今、振り返ると、自分がこれではいけないと思い行動を変えることができたのは、特攻隊員の遺書の本を読んだ時からだと思います。何のために仕事をしているのか。そして、仕事というのは自分のためにやるのではないということがわかりました」。

当時をこう振り返る森元工場長の目には大粒の涙があふれていました。「正直、とてもショックでした。自分がいかに恵まれているか、目の前のことしか考えていないかがわかり、情けなくなりました」。

羽田社長は、自分の人生を豊かなものにするために感性を磨くことを薦めています。その一つが読書です。森元工場長の場合はその本に出合ったのです。

１９４１年に日本はアメリカとの太平洋戦争に突入しました。戦争末期になると劣勢の日本軍は「神風特別攻撃

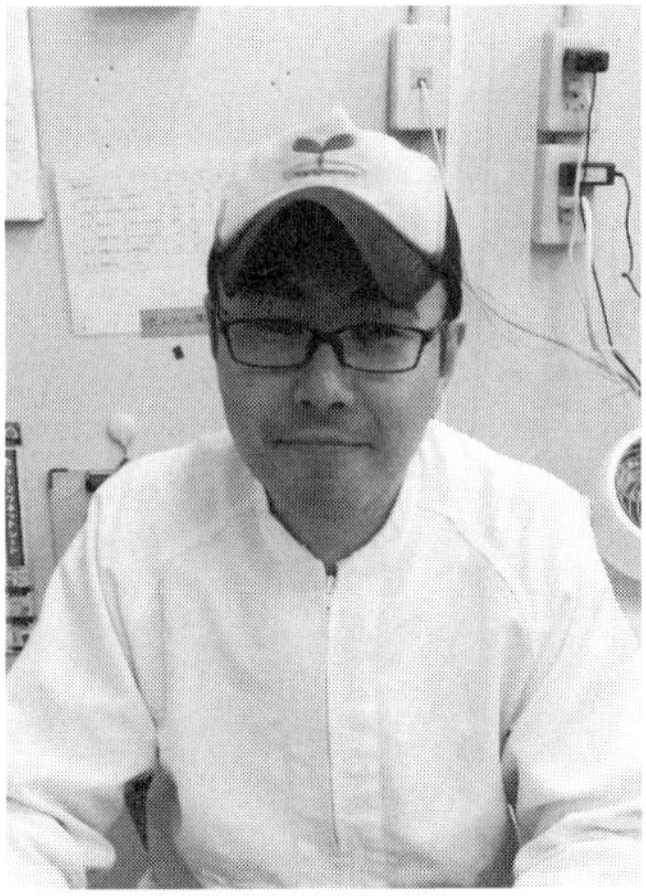

「すべてのスタッフにネクストワンで働いてよかったと思ってほしい」と森元工場長

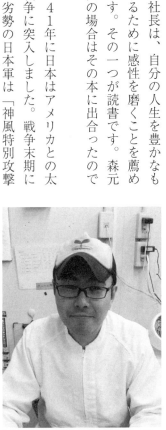

隊」に一縷の望みをかけます。パイロットの若者がたったひとつの命を賭けて敵艦めがけて飛行機もろとも突っ込んでいくのです。出撃の前に家族に残した遺書は多くの人の胸を打ちます。若者たちは愛する者を守るために突っ込んでいったのです。

森元工場長は目を腫らしながら次のように言いました。「戦争は絶対にしてはなりません。しかし、かつて行われた戦争において、自分の愛する者のために闘った戦士がいることは永遠に忘れてはならないと思います。このことは戦争の賛否を超えたものではないかと思います。そうした人たちのおかげで今の日本の繁栄があるのですから。闘い、散っていった人たちに報いるためにも、私たちはいい国をつくり、幸せに生活していかなければなりません。報いるとは、自分の能力・魅力を最大限に発揮して人から喜ばれる仕事をすること。その積み重ねが充実した幸せな人生だと思います」。それ以来、迷いが生じた時は特攻隊員の遺書を読み返すことにしています。

人は変わることができる

この本との出合いをきっかけに、森元工場長は大きく変わりはじめました。どうすればスタッフにとって働きやすい環境になるのか真剣に考えることからスタートしました。そのためには、問題点を積極的に聞いていこうと考え、実行しました。

あるスタッフからは道具、機械のメンテナンスができていないという指摘を受けました。まな板が反り返っていればケガにつながります。定期的にチェックする仕組みを作らなければなりません。機械も同様で、何かあってからでは遅いので、少しの変化でも気にかけ、対応できる状態にしなければなりません。

一日の工程がわからないという指摘も受けました。森元工場長からは「今やることだけ」しか指示されないので、終わるたびに次にやることを聞かなければなりません。これだと無駄が多く効率的ではないのです。一日の予定について誰が見てもわかる工程表をつくり、仕事の流れがわかるようにする必要があるのです。

また、人財教育面について指摘を受けました。大塚さん、山下さんの技術を新しいスタッフに伝承していくことが不可欠であり、センスのあるパート社員には、積極的に継承のための場づくりを実践する必要があります。技能伝承の中長期計画を具体的に策定する必要が生じました。

このようにして、「問題点＝やらなければならないこと」が山積みとなったのです。これらの問題点については自分が積極的に動かない限り、カイゼンしないことに気がつきました。

森元工場長は工場長としての役割をしっかりと果たすために、以下の三つを決めました。

一、**人を思いやる**
二、**言い訳をしない「他責」しない（責任転換、放棄）**
三、**見て見ぬふりをしない**

行動を変えて1週間が過ぎた時、ベテランの女性スタッフの山下さんが次のように言いました。「森元工場長はとても気がついて行動してくれるようになりました。本当にありがたいです」。

あるパートさんは次のように言いました。「仕事は忙しいのに残業をせず早く帰れるようになりました」。

意識を変えるだけでは変わりません。行動を変えることがいかに大切かということを森元工場長は示してくれたのです。スタッフの喜びの声を森元工場長もとてもうれしそうに噛みしめていました。

しかし、森元工場長も人間です。その声に安心してしまい、しばらくすると元に戻りそうになってきました。「そこそこ感」が出てきて、消極的な対応が無意識のうちに増えてきたのです。同時にパート社員から不平・不満が出てきます。しかし、森元工場長はこのまま流されませんでした。これまでと明らかに異なるのは、積極的にパート社員の不平・不満を聞くようになったということです。

問題点を明確にして期限を決めてカイゼンすることが、皆さんのためになると愚直に実行するようになったのです。その結果、少しずつ工場内はカイゼンが進んでいきました。人は変われることを森元工場長は示したのです。

羽田社長は変わろうとする意識がある社員に対しては、どんなに失敗を繰り返してもチャンスを与え続けます。その思いに森元工場長は応えようと必死に努力したのです。

現在の本社工場は忙しい中でもスタッフが働きやすい環境づくりを常に実践しています。そのリーダーシップをとる森元工場長は次のように話します。「働いている人全員からネクストワンで働いていて幸せですと言われたいのです」。

問題点を見つけていつまでにカイゼンするか目標を決める

ネクストワンでは「問題点登録票」という取り組みを実施しています。もともとトヨタ自動車が実践している取り組みです。

日々の業務の中で問題点を見つけたら（気づいたら）所定の紙に記入します。さらにいつまでに対策・カイゼンするという目標を決めたら、掲示板に掲載してスタッフに対して情報共有を図ります。

見て見ぬふりをすることが許されないため、カイゼンに向けた前向きな意見がスタッフから出てきます。また、提案制度という取り組みにもつながっていきます。

森元工場長は自らが問題点を率先して見つけ、登録票に記入し、いつまでにカイゼンするかを掲示します。「問題点をカイゼンした瞬間、会社が良くなったと言えます。そもそも誰かが困っていることを探すのが自分の仕事です。見て見ぬふりは絶対にできません」。

これは大変勇気がいることです。見て見ぬふりをする目先の優しさよりも、本質的なカイゼンをした方がよほど優しいという考えが必要になります。

多品種少量生産というよりも変種変量生産が当たり前になっている昨今において、スピーディーかつフレキシブルに対応できるのは常に問題点に気づき、カイゼンを実施しているからです。

初倉工場の高橋工場長は問題点について次のように言います。「誰でも見て見ぬふりをしてしまうものですが、それではいい会社になっていかないし、結局誰かが苦労する。それをわかっていて放置するのは人として正しくありません。そんな時は心を鬼にして言います」。

高橋工場長は自分に大変厳しい人であり、工場全体の生産性を高めるために1分1秒単位で段取りを進めています。それを実現するために日頃からのコミュニケーションをとても大切にしています。

パート社員の悩みに対しても親身になって相談を受けています。「パートさんの悩み一つをカイゼンすることで品質やスピードが違ってくるからです」。パート社員にとって日頃の生活の悩みが問題点となります。それをカイゼンすることでモチベーションが高まってくるのです。

考えさせる仕組みづくり

高橋工場長は働くスタッフが働きやすい環境を作ろうと常に気を配り、心を配っています。そして、スタッフが「考えて行動する」ことや「コミュニケーション」が取れる仕組みづくりをしています。

ユニークな取り組みを一つ紹介します。ネクストワンでは専用のポリ袋を毎日大量に使います。上から1枚1枚使い、新しいポリ袋の束を補充しなければならないレベルに到達すると、「工場長に知らせること」という札が出てきます。その札を見た人は工場長に必ず伝えるルールになっています。

面白いのはその札に「この札を見た人は袋を補充すること」とは書いていない点です。「工場長に知らせること」と書いてあることがネクストワンらしいのです。これは、単にポリ袋を補充することが目的ではないからです。

具体的に説明すると次のようなことです。あるスタッフがポリ袋を取りにいくと札が出ました。スタッフは「札が出ました」と工場長に知らせます。すると、工場長はそのポリ袋の発注をスタッフにお願いします。初めてのスタッフは「どのくらい注文すればいいですか」と尋ねると、工場長は「どのくらい注文すればいいか考えましょう」と答えます。そこで初めて日々どのくらいの量を出荷しているかを袋の大きさベースで考えるようになるのです。

スタッフには目の前の仕事だけでなく、すべての仕事が連動し、高い付加価値を作り出すことでお客さまに喜ばれていることを意識してもらうためなのです。いくら品質がよくても無駄になる材料が多ければ多いほど利益は出ないのです。すべての材料が無駄にならず、かつ、高い付加価値を生み出すためにどうしたらいいか常に考えるようになります。

さらにそのスタッフは前に注文した時はどうだったか経験のあるスタッフに尋ねれば、聞かれたスタッフも考えながら対応します。「前はそうだったけど、今は違うかもしれない。なぜなら、この材料の加工方法が先月から変わったからだ」というように、経験のあるスタッフにとっても振り返ることでチェック機能が実施され、より良くカイゼンするためのアクションとなるのです。

　このようにして同じ目的を持ち、前向きに考えるためのコミュニケーションの場をつくり出しているのです。

　そして、発注に関してもポイントがあります。工場長は常にあえて少なめに発注させるようにしています。通常、会社では少し多めに発注するケースも多く見受けられます。なぜなら、安心したいという心理が働き、「いざという時」「万が一」の場合に備えたいからです。その心理が大きくなりすぎると、根拠もなく違う種類の材料まで頼んでしまうこともあります。しかしながら、そうした行動は無駄を生み出しているだけなのです。使われない材料が倉庫にずっと置かれているケースも非常に多いのです。それは不良在庫となります。

「いざという時」が起こらないよう、日々

袋の下に隠れている札

カイゼンを積み重ねることが大切なのです。「いざという時」「万が一」というケースが頻繁に起こるようならば、それは「いざという時」ではありません。

企業と働く人が限りある時間、限りあるスペースの中で最高のパフォーマンスを発揮するためには、必要な時に必要な分だけつくるようにすることが不可欠です。また、その取り組みの本質は、部分的な最適化ではなく、全社に浸透させて全体的な最適化を図るようにすることがとても重要なのです。

ネクストワンの場合は、原材料となる野菜もポリ袋も全く同じなのです。どちらも、足りなくなるかもしれないという危機感が知恵と工夫を生み出すのです。原材料一切れでもポリ袋1枚でも会社の貴重な資産です。無駄に使っていいはずがありません。こうしたことを初めからスタッフに教えてしまっていては、考えない人になってしまいます。面倒ですが、その都度考えることが大切なのです。

以前はそろそろポリ袋がなくなるけれど「まあいいか」と思い、「見て見ぬふり」で過ごしてしまう人もいたそうです。そして、いよいよポリ袋がなくなり、誰かが買いに走っていたこともあったそうです。その時に考えたのです。失われた時間は二度と取り戻すことができないと。大きなロスであり、非常にもったいないことなのです。そうならないように知恵を働かせる仕組みを作ったのです。質の高いコミュニケーションを実現するための場づくりなのです。

今ではその札が出てくる前に気づいてどのくらい発注をしようか考えてくれるスタッフが増えてきたそうです。仕事の進み具合からそろそろあの札が出てくるなという予測が成り立つようになったからです。

「人ごと感」「やらされ感」から脱しなければいい仕事はできません。

想いは2020年へ

ネクストワンは２０２０年の東京オリンピックに向けて、何らかの形で役に立ちたいという想いを持っています。地域の人たちはもちろん、日本に来た選手や外国の人にも静岡のおいしい野菜を食べてほしいと願っています。

羽田社長は笑いながら次のように話します。「うちの営業スタッフは日々出荷されるカット野菜たちです。お客さまが安全で安心できる商品を出荷し続けることでこの想いに近づいていくと思っています」。

野菜カットと農業の分野のみならず、経営の多角化を実現しようと計画を策定している最中です。一つ一つの計画はとてもワクワクするものです。

スタッフが自由に夢を追える会社であるネクストワンは、これから世の中にも夢を与える会社になりたいと考えています。

そして、羽田社長は農業に関してこう締めくくりました。「農業人口が激減している中で、何か具体的にアクションを起こさなければならないと思っています。これからの農業を担う若い人財に多くのチャンスを与えていきたい」。

この思いは必ず実を結ぶでしょう。なぜなら、ネクストワンは目標を達成するために自分も会社もより良く変わることで実証してきたからです。「人は変わろうとする強い意識があればより良く変われるはず」。羽田社長のこの言葉が未来を明るく映し出しています。

日本一の水道屋を目指して
「利他」の経営を実践する会社

有限会社トシズの本社

社名	●有限会社　トシズ
経営理念、社是	●1.社員一人ひとりの幸せと人格を大切にし、お互いに協力し助け合い、夢の有る企業作りをします。 2.大自然が育んだ貴重な水、皆様の健やかな生活を考え安全でおいしい水をお届けする企業を目差します。
創業･設立年月日	●平成4年4月13日(創業) 平成13年4月13日(設立)
従業員数	●10名（2017年4月現在)
代表者名	●代表取締役社長　沖本登志春
事業内容	●水道工事、排水工事、衛生器具工事、井戸設備工事、給湯工事、浄化槽工事、オール電化工事、介護器具販売等
本社所在地	●牧之原市堀野新田462-1
電話番号	●0548-58-2208

お茶どころ牧之原市で水道に関するサービスを提供しているのが有限会社トシズです。水道に関する工事からデザイン性の高い台所やバリアフリーのトイレの工事まで、水に関することならばありとあらゆることを解決してくれる地域のお助けマンです。また、近年では介護分野にも進出し、お年寄り世代にも喜ばれています。

海水浴場でにぎわう静波海岸から国道150号を西方面に向かい、牧之原市から間もなく御前崎市に入ろうかというところで右側に水色の建物が見えてきます。1階入口奥の小さな部屋を訪ねていくと、ベテラン世代の女性が満面の笑顔で私たちを迎えてくれました。

「こんにちは、よくいらっしゃいました」。

すべてを包み込むようなすてきな笑顔から、この会社の良さがにじみ出ていました。すぐにその女性は沖本社長のお母さんだということがわかりました。お母さんは社員が口々に自慢する人で、親しみを込めて「ばぁば」と呼んでいます。後から来たお客さまも「ばぁば」の部屋に寄り、明るい笑顔になっているのがとても印象的です。

その日の帰り際、「お疲れさま」と言う声がしました。その声に振り向くと、抱えきれないほどの大きなスーパーの袋を二つ持ってニコニコ笑っている「ばぁば」がいたのです。「よかったら、これ食べて」。白い袋の中には、見たこともないような大きさのシイタケが食べきれないほど入っていました。

沖本社長のお母さんはある時は大きなミカン、ある時は漬物など、地域でしか取れないおいしい食べ物を用意してくれます。忙しい中でわざわざ用意してくれる「ばぁば」の真心が身に染みてきます。「ばぁば」はトシズの優しさの象徴です。利他の経営の象徴といっても良いでしょう。トシズではひとたびイベントを行うと数百人のお客さまが一気に訪れます。その人気の源は「ばぁば」にあるといっても過言ではありません。

トシズの創業は1992年4月13日、設立は2001年4月13日です。スタッフの数は10名です。沖本社長の人を大切にする経営方針は、経営理念に表れています。

《経営理念》
一、社員一人ひとりの幸せと人格を大切にし、お互いに協力し助け合い、夢の有る

「ばぁば」と呼ばれ誰からも慕われている沖本社長のお母さん

企業作りをします。

二、大自然が育んだ貴重な水、皆様の健やかな生活を考え安全でおいしい水をお届けする企業を目指します。

女性社員の感謝の手紙

ある日、私たちは愛さんという女性社員から手紙をもらいました。結婚を機に、会社への感謝の気持ちを私たちに伝えようと手紙を書いたそうです。

その手紙には沖本社長と仲間への感謝の気持ちがつづられていました。

私はトシズに入って14年になります。

最近とてもうれしかった事があります。それは自分の結婚式で社長にスピーチをしてもらった時のことです。

笑顔の社長が突然真剣な顔になって私の幸せを心から願っていると言ってくれました。そして、私の夫に対して「どうか愛さんを幸せにしてやってください。お願いします」と言って頭を下げている社長の姿を見て涙が止まりませんでした。

社長がこんなにも私の幸せを願ってくれているとは思いませんでした。トシズに長く働かせてもらって本当に良かったと思いました。

長く勤めていると会社のいいことばかりではなく、嫌だなと思うところもたくさん目にします。でもその都度成長があって、今があるんだと実感することができました。

日々の業務の中で、息詰まった時の私の癒やしは、ばぁば（沖本社長のお母さん）です。ばぁばの部屋に行って、ばぁばの笑顔をもらって元気になります。ばぁばはいつも私の好きなグレープフルーツジュースを買っておいてくれて、疲れて行くと、「はい。飲んでごらん」と言って出してくれます。ばぁばの生活の知恵は本当にすごくて、おいしい料理の作り方だとか野菜の保存方法だとか、家事に役立つことばかりです。そんなばぁばに感謝の気持ちでいっぱいです。

会社の仲間もみんな良くしてくれます。先日は私のために、会社のみんながプロジェクトを考えてくれたこともとてもうれしかったです。トシズにいて感動したことがまた一つ増えました。

みんな自分への負担が増えてしまうのに、みんなが笑顔で協力すると言ってくれました。すてきな仲間に囲まれて、私はなんて幸せなのだろうとあらためて思いました。こんな風に一人のために考えてくれる会社はないのだと思います。

だから私もみんなのために今の仕事だけでなく新しい仕事を積極的に覚えていこうと思います。

最近は簡単な修理の仕事をしました。やったことのない仕事をするのは不安もあるけれど、それを乗り越えるとワクワクします。

そしてお客さまから直接「ありがとう」と喜んでもらえることがこんなにもうれしいことなんだと知りました。私の仕事はお客さまには接することが少ないため、派手さがなく地味だと思っていましたが、お客さまと接することで自分の仕事の大切さがあらためて理解できた気がします。

直接ではなくても、現場の人が仕事をしやすく、段取りしやすいような仕事ができれば、結果、お客さまにも喜んでもらえると思うので、自分の仕事にも誇りを持ってやっていきたいとあらためて思いました。

これも私の今後を真剣に考えてくれているみんなのおかげです。だから会社の未来も前向きに考える事ができます。

やさしい仲間に囲まれて仕事ができることに感謝しています。ありがとうの言葉を伝えたいです。

プロジェクト「助愛・助けあい」

愛さんの手紙からもトシズが魅力あふれる会社であることが伝わってきます。どんな会社も日々問題点があり、それをカイゼンしていくことが自身と会社の成長です。トシズも例外ではなく、いろいろな問題点を克服することが自分自身と会社の成長であることが述べられています。

手紙の後半部分で「プロジェクト」と書いてありました。このプロジェクトは、新婚間もない愛さんが仕事と家庭を両立して働くことは難しいのではないかと悩み、沖本社長の奥さま、美穂さんに相談したのが始まりです。美穂さんも子供を育てながら働いてきたので、愛さんの気持ちが手に取るようにわかり、みんなで愛さんの仕事を理解し、フォローできるようにしていきたいと思ったのです。

トシズでは長年会社を支えてくれた彼女のために、社員全員が一致団結して、愛さんが望むことをしてあ

助愛・助けあいプロジェクト始動

げたいと考えたのです。ちょうど政府がプレミアムフライデーを推進していた時です。

プロジェクト名は「助愛・助けあい」と名付けられました。愛さんの「愛」をとってみんなで助け合っていこうと、トシズらしい温かいネーミングがつけられました。しかし、プロジェクトを成功させるためには、彼女しかできない仕事を分担していかなければなりません。まずは、その仕事を明確にしていきました。すると、頼り切っていた仕事があまりにも多いことがわかったのです。あらためて沖本社長と社員の皆さんは愛さんが会社に貢献してくれていたことがわかりました。

トシズは行政からの信頼も厚く、仕事も多く受注しています。行政の仕事は書類の様式から作成方法、中間報告に必要な書類、図面との整合性、添付書類などが明確に決められています。その一つ一つの手順を守ることは実は大変なことなのです。

誰かが愛さんの仕事をこなせるようにするためには、ノウハウの伝承の時間を捻出しなければなりません。それは自分への新たな負荷が発生することに等しいのです。しかし、社員は誰も嫌な顔一つ見せません。むしろ多能工化の実現にもつながると前向きに取り組んでいます。

さらに、愛さんの仕事を理解することで、お互いさまの気持ちがより強く持てるようになってきました。書類を預ける側も預けられる側も、これまでは事務的で相手のことを考えた行動ではなかったと気づいたのです。より正確に、より丁寧に仕事をする大切さもあらためて理解することができたのです。初めは皆さんに申し訳ないと思っていた愛さん自身も仕事のノウハウの棚卸しができると前向きに捉えてくれるようになりました。

「助愛・助けあい」プロジェクトの推進は、社員にとってもさらなる成長の大きなチャンスとなっています。その成長の総和こそが会社の成長であると沖本社長も捉えています。

工事を無料にした沖本社長

「経営とは自分のことではなく利他を追求することだとつくづく思います」と沖本社長は口癖のように言います。「利他」とは他人に利益となるように図ることであり、自分のことよりも他人の幸福を願うことです。

沖本社長は困っている人がいたら放っておけない人です。その血は「ばぁば」から受け継がれています。だから地域の方から愛されている存在なのです。

あるお宅の水道工事にお邪魔した時のことです。そのお宅は高齢のおじいさんが一人暮らしをしていました。会話をしていく中で、おじいさんは戦争体験があることを知り、つらい体験をずっと聞いてあげたのでした。その話を聞き終わった時はもう日が暮れている時間だったそうです。その後、工事費用を無料にしてしまったのです。「工事をしたのに無料にしてしまうなんて経営者としては失格だと思います」と沖本社長は笑いながらその時のことを振り返ります。「でも、おじいさんに何かしてあげられることはないかと思ったのです。ならば、せめて無料にしてあげられればと思ったのです」。

その後、おじいさんのお子さんに面倒を見てもらえるように電話をしてお願いをしたそうです。お子さんに頼むことをためらい、じっと我慢をしていたのでした。「とにかく健康に注意してください。何かあったら遠慮なく自分の所に電話くださいね」。そう言って自分の携帯電話番号を教えて去っていきました。

しばらくして、そのお宅から電話がかかってきました。電話の主はおじいさんの娘さんからでした。「先日は本当にありがとうございました。来月から父と一緒に住むことになりました。気になっていたことがクリアしました。これもトシズのおかげです」。トシズにはこのようなエピソードがたくさん詰まっています。

沖本社長の元には日々いろいろな方から電話がかかってきます。お客さまだけでなく、先輩からも後輩からも、時には市長からも議員からもかかってきます。個々の電話に対してとても気さくに対応します。緊急性の高い話とあらば、すぐにかけつけます。とにかく困っている人がいたら放っておけないのです。

トシズは、高齢者見守り隊として牧之原市や御前崎市からも認定を受けています。高齢者が家庭や地域の中で孤立せず、住み慣れた地域で誰もが安心した生活を送ることができるように支援する事業です。地域の見守り隊としてこれほど心強い人たちはいないでしょう。

利他の精神の源は「ばぁば」にあり

沖本社長の利他の精神のルーツを探っていくと、お母さん「ばぁば」に行き着きます。ばぁばは常に心配りをしている方です。勿体ないほどのお土産を用意してくれることも少なくありません。その行動の源は「利他」なのです。

ある時水道工事の依頼を人づてに受けました。その工事は少し大がかりになりそうでした。しかし、聞けばその人は工事金額を支払うだけのお金を持っていなかったそうです。通常ならば、当然断りますが、ばぁばは違いました。

「お金は月末に少しずつ払ってくれればいいですよ」

そう言って引き受けてしまったそうです。そのお客さまは初めての方ですが、契約書を交わすこともありませんでしたし、身分証明書を見せてもらうこともしなかったそうです。支払期間は数年に及びましたが、一度も遅れることなく毎月少しずつ支払ってくれたそうです。それが「利他の心」なのです。

また、地域の公共トイレを仲間と一緒に20年以上も掃除を続けています。誰から頼まれた訳でもありません。自主的に活動しているのです。週に2回、朝5時から始めているそうです。静岡市街地から国道150号を西に向かうと海側に見えてくる、目立つ公共トイレです。立ち寄ると男子トイレも女子トイレもとてもきれいに掃除されていました。なぜそのようなことができるのか伺いました。

「いつもきれいに使ってありがとうと声を掛けて掃除をしています。トイレは自分の心をいちばん写すものだから大切にしないとね。それにここは外から人がくるところだから、きれいにしておかないと。また来たいと思ってもらいたいからね」と明るい笑顔で答えてくれました。

ばぁばは特に大切な事柄として、次のことを実践していると話してくれました。

・人を裏切らないこと、うそをつかないこと
・人の話を最後まで聞くこと

・口だけではダメ。自分にできることなら進んでやること
・人の悪いところを見たら、自分はどうなのかを考えて気をつけること
・相手に嫌な思いをさせないこと
・あいさつ、身だしなみに気をつけること

最後に笑いながら次のように話してくれました。「20年もトイレの掃除ができることとは幸せなことです。仲間と一緒になって清掃できることもありがたいことです。健康な証拠だしね。不思議なことに雨が降っていても終わるころには晴れているんですよ」。

トイレ掃除は自分の心を映し出す

沖本社長は会社のトイレ掃除をとても大切にしています。社長であろうとトイレ掃除を自らの日課としているのです。スポンジを手に取り、隅々まで丁寧に掃除します。会社のトイレはいつもピカピカです。

沖本社長は言います。「自分が小さい時

いつもきれいな海岸沿いの公共トイレ

からトイレ掃除には気をつけていました。母からも言われていました。トイレ掃除をすることでいろいろな気づきが出てきます。自分自身と向き合うことで、謙虚な気持ち、感謝の心が芽生えてくるのです」。『日本でいちばん大切にしたい会社』で紹介されている長野県の伊那食品工業もトイレ掃除を大切にしており、トシズと共通するものがあります。

「汚さないようにきれいに使うことがいかに大切かわかりますし、人の気持ちを考える訓練にもなります。トイレ掃除を真面目にやればやるほど人間力が高まると思います」。沖本社長は子供たちにもトイレ掃除の大切さを教える講座を開きたいと考えています。

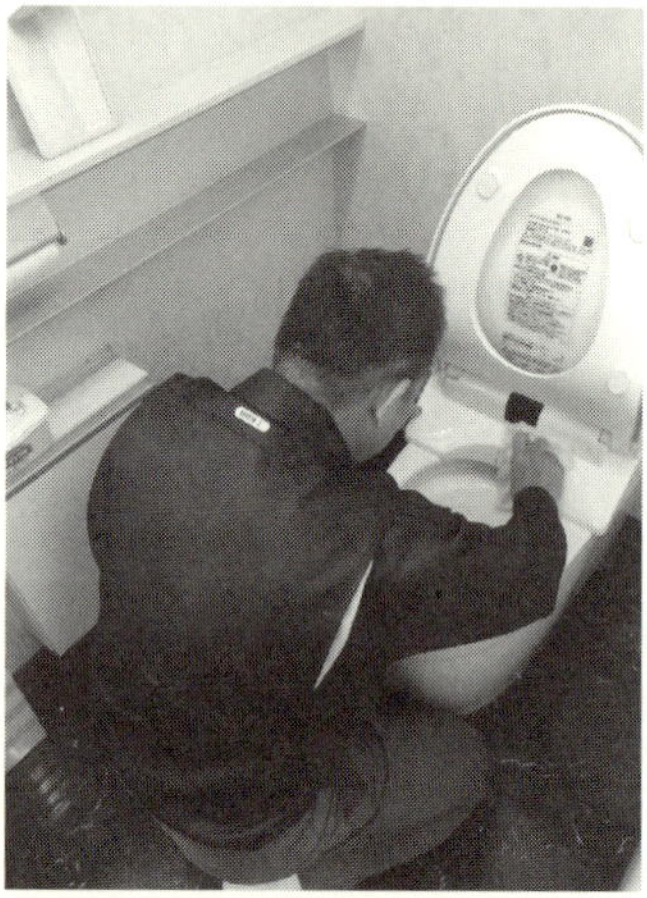
会社のトイレを清掃する沖本社長

近年はお客さまからトイレに関する要望も年々増えているそうです。快適な空間としてのデザイン性が高い工事から、介護面で重要なバリアフリー工事まで、幅広く対応し喜ばれているそうです。

「トイレを見ればそのお宅が幸せかどうかわかります。会社のトイレもいい会社かどうかわかります」。その言葉には説得力があります。

コミュニケーションの本質はプロレスにあり

トシズはとてもユニークな社員研修を実施しています。それはプロレスを通じてコミュニケーションの大切さを教えるというものです。その取り組みはテレビでも面白おかしく紹介されました。

沖本社長は若い頃から大好きなプロレスにのめり込み、「牧之原プロレス」という団体を立ち上げました。会社から車で5分ほどの倉庫を借りて自費でリングを購入してしまったほどの熱の入れようです。自身も「ミスターT」という謎のマスクマンを名乗り、試合に出ています。

プロレスを体験することでコミュニケーションの図り方を学ぶことができると言います。その論理は非常に深く、なるほどと納得させられるものです。まず、コミュニケーションの大前提となる部分について沖本社長は次のように説明します。「コミュニケーションは情報の伝達、連絡だけではなく、意思の疎通や心の通い合いという双方向のやりとりです。その本質はお互いが理解をすることにあります。だから一方通行ではコミュニケーションとは言えません」。

なぜプロレスなのかというと「プロレスはお互いが理解していないと成立しません。例えば『相手をロープに振る』という技があります。その技を相手選手から受けたら、自分はロープに走って行ってロープの反動を利用して帰ってこないとなりません。戻ってこなければ相手の技を受けなくて済むのにです。そこに自分の感情が優先されてしまえば、ロープに振られても走らないでしょう。そうするとプロレスは成立しなくなってしまうのです。自分の感情よりもプロレスを成立させることが重要なのですから、相手がロープに振ろうとしたら、その技を全力で受け止めようとすることが大切なのです」。

確かにその通りです。そこに「自分は相手の技を受けたくない」「自分の技だけを相手にかけたい」という自分の感情のみで動いていたらプロレスは成立しないのです。

沖本社長はコミュニケーションとプロレスを結びつけます。「これをコミュニケーションに当てはめると、相手の技を受けるということは、まずは相手の言っていることを遮らずに受け止めることです。しかし、自分の感情が出てしまうと相手を遮って自分が話をしてしまうことがあります」。振り返ると、仕事でも日常生活においてもそのような状況になることは多々あります。「大切なのは、自分の感情を出すことよりも、コミュニケーションを成立させることなのです。だから、いかに相手の技である言葉を受け止め、その時にわき上がる感情をコントロールして最後まで聞くことができるかなのです」。

沖本社長の論理は、傾聴のスキルに通じます。「それにより、コミュニケーションの最も重要な目的であるお互いの相互理解が進むのです」。

コミュニケーションが図れない主な要因は「個人の感情やそれまでの習慣」が邪魔をしているからです。問題なのは、それらは無意識のうちにわき上がってくるということです。これは訓練しないと克服することはできません。それを沖本社長は若手社員にプロレスを通じて教えているのです。

「まずは相手の技を受けること」を沖本社長は徹底しています。

誰しもが経験のあることですが、相手とのコミュニケーションはこちらが聞く気にならないと成立しません。同様に相手にも聞く耳がなければ、こちらがいくら訴えてもコミュニケーションは成立しません。

自分の言いたいことだけを伝えてもコミュニケーションは成立しないのです。自分が言いたいことを言えば言うほど相手に高度な受け止めのスキルが求められます。反対に、相手が言いたいことを受け止められるほど高い傾聴のスキルを持っている人も決して多くないのです。そうしたことに気がついている人はとても少ないのです。

トシズのこのコミュニケーションスキルは、他の会社との差別化要因となります。日頃、私たちは「自分自身に沸き上がる負の感情・習慣・思考の癖」に無意識のうちに支配されています。だから、無意識のうちにお客さまの要望や地域の人たちのリクエスト、社員同士の大切な情報を遮ってしまっているかもしれません。それでは状況は変わらないのです。そこから脱却し、コミュニケーションを確実に成立させて、お客さまや地域の方に喜ばれ、自分たちのやりがいや待遇の充実につなげた方がよほどいいのです。

沖本社長は「いい関係を構築するために、こちらから積極的に提案するのが大事ですが、そうなるためにもまずは相手の技（要望）をすべて受けることが大事です」と語ります。トシズはそのことを愚直に実践しているからこそ、お客さまや地域の人に必要とされているのです。

お客さまのために気づきの営業をする坂本さん

女性社員の坂本さんはトシズの営業を担当しています。坂本さんは人と接するのが好きで営業の仕事が自分に最も向いていると思っています。彼女の素晴らしさは、お客さまからただ言われたことをするのではなく、積極的に問題点に気づいて最適な解決策を考え素早く提案することで、お客さまが予想以上に喜ぶ営業を得意としている点です。この気づきの力とスピード、コミュニケーション力は突出したものがあります。その原動力となっているのは「ばぁば」です。坂本さんもその魅力に魅了されている社員の一人です。ばぁばはコミュニケーションをとても大切にしています。坂本さんも日頃から双方向のやり取りを実践することでお客さまからの大きな信頼を得ています。

坂本さんとあるご夫婦とのエピソードを紹介します。きっかけは牧之原市からの依頼の仕事です。市営住宅に住んでいるご夫婦のお宅に水回りの修理に行き、献身的なサービスが喜ばれました。ご夫婦はトシズで介護事業もやっていることを知ると、介護ベッドレンタルの契約もしてくれました。

坂本さんは毎月、問診訪問とリース代の集金に行くようになりました。ご夫婦は健康面で不安を抱えていました。旦那さんが脳梗塞で倒れ、奥さんは喉頭がんになり声を失ってしまったのです。ご夫婦の力になろうと常に心を配って対応してきました。ご夫婦と意思の疎通ができるようにホワイトボードを用意し、何度も何度も繰り返しコミュニケーションをとってきたのです。ご夫婦は坂本さんが来るのを楽しみにしていました。いつも彼女が大好きなコーヒーを用意して迎えてくれるのです。

奥さんは旦那さんに何かあった時、自分が声を出すことができない不安を抱えていました。何度か役所に相談を持ちかけましたが、なかなか想いが伝わらずに困っていました。それを知った坂本さんは奥さんに代わって役所に足しげく通い、奥さんの想いを伝えました。

奥さんの通っている病院は牧之原市から車で1時間ほどの浜松市にあります。バスと電車を使うと2時間ほどかかります。奥さんが病院に行っている間、旦那さんにもしものことがないようにご夫婦は浜松へ引っ越すことを決意しました。そこで坂本さんはご夫婦の声となって牧之原市と浜松市の双方の役所に連絡をし、引っ越しができるようお手伝いをしました。

2016年4月、ご夫婦は無事に浜松に引っ越していきました。坂本さんは「とても寂しいですが、無事に引っ越しができてよかったです」と目に涙をいっぱい浮かべていました。それから約半年後、坂本さんの元に手紙が届きます。その手紙にはご夫婦の近況と坂本さんへの気持ちが書かれていました。

「私たちは二人とも元気です。安心してください。先日テレビで相良油田の栗拾いの特集を見ました。牧之原を懐かしく感じています。いつもあなたのことを思い出しています。会えなくて寂しいですがあなたも無理をせずがんばってください。お体を大切にしてください」。

もう一つのエピソードを紹介します。ある方の紹介でトシズに仕事が入りました。坂本さんが対応したところ、あるお宅のトイレのリフォームについて相談されました。スピーディーな対応、明朗快活で丁寧な説明、そして気遣いが評価され、お客さまは「この人なら間違いない」と思い、お願いすることにしたそうです。気がついたらトイレだけでなく、キッチンのリフォームや浄水器の取り付けといった新たな仕事が生まれていきました。

お客さまは次のように話しました。「トイレが縁で坂本さんの笑顔に出会えました。予算オーバーだったけれど、坂本さんだから決めました。本当に感謝しています」。

その方は奥さんが亡くなられてずっとお味噌汁を飲んでいなかったそうです。坂本さんが何気なくお客さまに好きなお味噌汁を聞くと、「わかめのお味噌汁」が好物だということがわかりました。坂本さんは早速材料を準備し、その日のうちにお宅に行き、わかめの味噌汁を作りました。

お客さまは優しく温かい味噌汁に大変感動され、飛び切りの笑顔を見せてくれたそうです。次の時はお客さまがカツ丼を用意してくださり、一緒に昼食を食べました。坂本さんは次のように振り返ります。「お味噌汁を作ることも特別なことではありません。お客さまが困っていたり、辛そうであれば、自分ができる限りのことをしてあげたいと思っています。関わらせていただいたお客さまの力になることが私の喜びだからです」。

坂本さんに寄せられたお客さまの声を紹介します。

・こんなに早く対応してくれて感謝
・女性なのに修理までできるなんて驚いたよ
・坂本さんにお願いをしたい
・ここまでやってくれるなんて思わなかった。本当にありがとう
・的確に指示している姿を見て社長だと思ったよ

お客さまは坂本さんと話しているとみんな自然と笑顔になっていきます。

ある日、坂本さんが市役所に行くというので同行しました。驚いたのは、行く先々で坂本さんがいろいろな人から話しかけられていたことです。どの課でも坂本さんを知らない人はいないのではないかと感じられるほどです。「坂本さんが来たら〇〇の

ことを聞こうと思っていました」と坂本さんが来るのを待っていた職員もいました。日頃から高い信頼関係を構築できていなければそうはなりません。

次に一般のお宅のお風呂と洗面所のリフォームの現場に行きました。ちょうど汚さないようにおおいをかけて保護をしていたシートを取っている段階でした。坂本さんは、さっと雑巾を出したかと思うと、入口からお風呂場、洗面所にかけてきれいに清掃を始めたのです。

そして、お客さまに効率的な清掃方法も示していました。最も効率的な清掃方法を先ほどの清掃の実体験から導いたのです。お客さまから「ここまでやってくれて本当にありがとう」と感謝されていました。

坂本さん自身も次のように言います。「私は営業だけでなく、実際に現場で状況を見せてもらうことがとても大切だと思っています。よりお客さまのためになる具体的な提案が可能となるからです。お客さまとの関係が築けるの

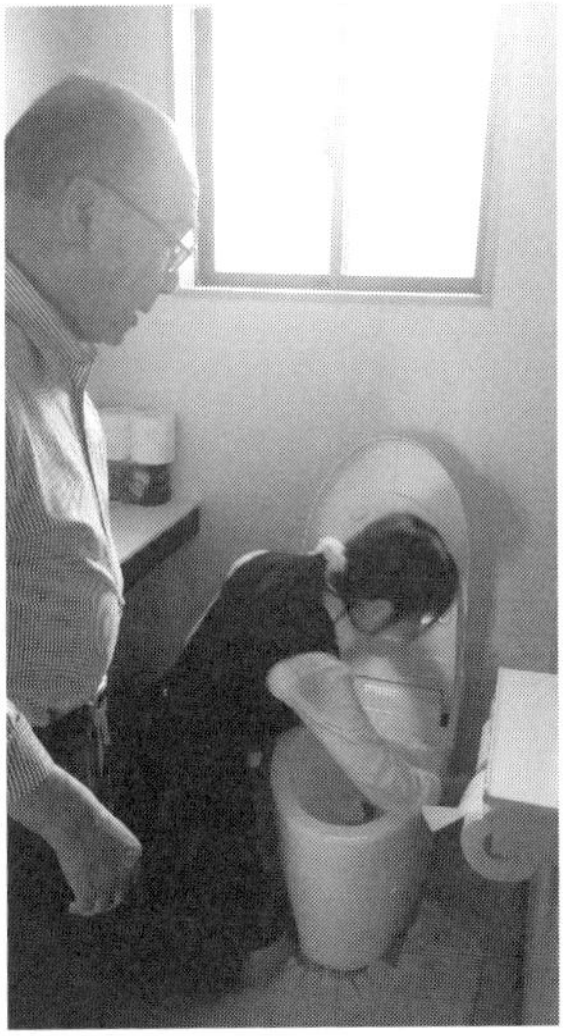

トイレをリフォームされたお客様に説明する坂本さん

は電話だけでは難しいのです」。

次に浄化槽の仕事をしたお宅に同行しました。このお客さまは電話でのやり取りのみで実際に会って話すのは初めてだったそうですが、とても親しそうに話をされる点に驚きました。お客さまもいつの間にか笑顔になっているのです。さらに、仕事につながるような情報をお客さまが教えてくれました。早速、坂本さんは次に生かそうとメモを取りました。

坂本さんが常に意識している点は以下の点だそうです。

・お客さまを待たせない（お客さまの喜ぶことを率先して行う）。
・連絡が来たらもちろん、連絡が来る前に自分で一度現場に行く。
・自分でできることは自分でやること。嫌々やってはいけない。
・確認をしにいくこと。できれば３回、最初、途中、最後の３回。
・まめにお客さまのところへ行く。だからこそ次につながる。現場を見て覚える。
・問題点を明確にして具体的に提案する。見積書もすぐに出す。
・目先の利益よりもその先にある満足度を求める。

坂本さんは、これからの目標として、自分も図面を書けるようになりたいという目標を掲げています。

お客さまから信頼される技術を確立した河原崎さん

現場工事のリーダーとして、責任ある立場の仕事を受け持っているのは河原崎さんです。ある日、河原崎さんの現場へ同行すると、ちょうどお客さまのお宅の庭先で古い水道管を新しいものに変える作業をしているところでした。

見ていると実に理にかなった動きをしています。ある部材を土の上に水平に配置する時に、一発でぴったりと合わせることができます。調整作業をなるべく省けるように土の盛り方からパッキンの使い方まで細かな工夫がされています。土を盛ったり削ったりする調整作業は、その分だけ時間がかかるのです。

「調整作業は時間の無駄です。なるべく調整作業をなくすためにはどうしたらいいかを考えて段取りをすることが効率よく工事をすすめるコツです」。それにしても一つ一つの動きがテキパキとしていて見事です。

河原崎さんの技術は、先輩たちのやっている姿を見て覚えていったそうです。当時の先輩たちは「教えられて身につくものは本当の技術にならない。自分で盗め」という人が多く、河原崎さんもそうした時代の中で自分自身模索しながら仕事を覚えてきました。先輩たちの技術を必死で盗み、失敗を繰り返しながら自分なりのアレンジを加えて現在の技術を確立したのです。

「自分はまだまだです」と河原崎さんは言いますが、技術の世界は天狗になったら終わりです。常に謙虚で向上心を持ち続けることが第一線で活躍し続けるためには不可欠です。

これからの若手については次のようにエールを送ります。「誰でも仕事に本気で取り組むことができれば、技術は必ず上達します。その覚悟があるかどうかが大切です。仕事を面白くするのもつまらなくするのも自分次第。初めは何もわかりませんでしたがコツコツと積み重ねたことでここまでくることができました。次は社長のようにしっかりと仕事を提案することがテーマです」。

次の自身の目標も明確になっている河原崎さんは、施主の方との話し方も明るく実に的確で、とてもいい印象を与えます。施主の方も「これなら安心だ」と笑顔で河原崎さんとの会話を楽しんでいるかのようでした。

「次につなげられるように会話を大切にしています。いい仕事をして、お客さまからまた自分にお願いしたいと言われるようになることが最低ラインです。ベストの工法を提案し、工程通り実行することが自分の使命です」。心配りの工事をできることが、最大の強みとなっています。

イベントとお客さまの声

トシズは地域の人たちを大切にしています。その取り組みの一つとして、毎年1回、テーマを決めて地域の方に対する大きなイベントを開催しています。イベントには数百人が訪れます。もちろん、参加は無料です。

2015年度のイベントは11月に催しました。テーマは「介護」。健康な水やトイレ用品、介護用品等を紹介したり、豚汁や景品をプレゼントしました。スタッフはみんな優しく来場者をもてなします。

朝から「ばぁば」は豚汁の仕込みに大忙しです。来場者にはまず豚汁のプレゼントがあります。「おいしい」という声があちらこちらから聞かれ、見る見るうちに豚汁がなくなり、新しい豚汁を作るほど大人気でした。

子供たちに人気なのはサッカーや輪投げなどのコーナーで、子供たちの笑顔が広がりました。商品紹介の合間に、リングの上ではプロレスの模擬試合が行われました。初めて観る人も多く、大きな歓声が上がっていました。

来場者に対してアンケートを実施すると、回答者数はなんと178名。いかに地域に根付いてきた会社かがわかります。

アンケートの最後にはイベントの感想欄がありますが、非常に多くのコメントが寄せられました。イベント自体の温かさ、おもてなしや対応の良さ、豚汁のおいしさ、プロレスに関する感想も多く見られました。

地域の方々の一つ一つのコメントがとても温かく、会社の魅力そのものを表していいます。地域の皆さんがトシズをいかに応援しているかがわかります。

「温かいおもてなしありがとうございました」

「豚汁がとてもおいしくてサービスも良く楽しかったです」

「友達に誘われてきました。とてもたのしいです。豚汁おいしい」

「温かみを感じたイベントでほっこりしました」

「老若男女大勢の人が集うのはとてもいいことだと思います。介護まで視野に入れているとはさすがトシズ!!」

「いつも来ていますがだんだん良くなってきました。今日はありがとう」

「初めて観せていただき感動しました」「初めて来ましたがとてもよかったです」

「大勢の人が集まってきてくれるのはとてもうれしいですね。日本一の水道屋さんになることを祈っています」

「プロレス技が観られて良かった。おもてなしが非常に良かった」

「プロレスは若い人でも骨が大丈夫かな。気をつけてやってね」「プロレス楽しかったです」「初めてプロレス、すごーい」「プロレス初めて観ました。迫力があります」「牧之原プロレス応援しています」

自らの苦い体験をもとに

沖本社長は初めから順風満帆だったわけではありません。むしろ、失敗を繰り返しながら今のスタイルになっていったと言えるでしょう。

今から10年ほど前、トシズは業績が急成長し、飛ぶ鳥を落とす勢いで進んでいた時代があったそうです。沖本社長はやることと成すことがうまくいって、「自分には怖いものがない」と思ってしまうほどだったそうです。

しかし、その時代は長く続きませんでした。

当時の油断と甘さが部下にも浸透し、会社全体が

牧之原プロレスのリングを使ったイベント

「なああ」の状態になりました。チェックをするべきところを怠るようになり、誰もが自分のことしか考えないようになりました。クレームが出てもお客さまへのフォローが徹底されませんでした。

その状態でいい仕事ができるはずがありません。その結果、お客さまの信頼を失い、受注金額が激減したのです。このままではいけないと気づいた時には社員も大量に辞めてしまった後でした。

沖本社長はいい時の状態に自分自身が甘えてしまい、自分を高めることを怠ってしまったのです。「本当に調子に乗っていました」と当時を反省します。「その時に、やっぱり経営の神様は見ているのだと気がつきました。やはり大切なのはいい時こそ自分を戒め、常に人のために経営をすることを貫き通すことだと痛感しました。情けないことに、お客さまと社員を失ってみて初めて気がついたのです」。

自身の苦い体験から、人を思いやる気持ちの大切さに気づき、変わっていったのです。失敗を忘れず自分自身を常に高めようと、将来につなげようとする意思が復活への足がかりとなったのです。もともと人を思いやる気持ちを大切にしていた家庭で育ってきた沖本社長でしたが、なぜそれが大事なのかを自身の苦い体験の中から理解したのでした。

トシズ憲章

沖本社長は「このままではいけない」という危機感を持ちました。そして、あらためて経営理念を構築しました。会社は社員とその家族のためにあり、いつまでも夢を追えるようにするべきだという考えのもとでつくられたのです。

《経営理念》

一、社員一人ひとりの幸せと人格を大切にし、お互いに協力し助け合い、夢の有る企業作りをします。

二、大自然が育んだ貴重な水、皆様の健やかな生活を考え安全でおいしい水をお届けする企業を目差します。

いい会社をつくっていくためには、社員全員が理念や目的、あるべき姿を共有し、強い意志で遂行していくことが不可欠です。そして、社内の仲間やお客さま、地域の人々に対して貢献する意欲を持ち、コミュニケーションを図っていくことが原則です。

レクサスという自動車ブランドがありますが、その成功の裏には、最高の品質の車と最高のおもてなしサービスに徹底的にこだわり、かけがえのない「人財」による並々ならぬ努力によってそれらの提供を実現したことが背景にあります。その原動力となったのは、「レクサス憲章」というものをスタッフ全員で共有したことにあります。共有の証しとして、レクサスの全社員がレクサス憲章にサインをしたそうです。沖本社長はその成功秘話に大変感銘を受けたそうです。「レクサス憲章」を参考にして「トシズ憲章」を社員と一緒につくっていきました。

《トシズ憲章》

トシズは地域で最も早く！お客様の基に駆けつけ水回り修理を行います。

二十年以上にわたるトシズの歴史が生み出したお客様に対する心構えを大切にし、水道屋史上最高の会社を目指します。

トシズは必ず勝利をおさめます。

なぜなら、トシズは物事の源流にたちかえって基本から正しいやり方を実践するからです。

トシズは業界最高のサービスを提供いたします。

そして、お客様一人ひとりを自分の自宅にお迎えするのと同じ気持ちでもてなします。

信じなければ、実現することはできません。
信じれば、必ず実現できます。
私たちには、実現出来る力があります。
そして、私たちは必ず実現します。

また沖本社長は、社員からの意見を取り入れて、社長としてのあるべき姿として十カ条を作成しました。常に心がけていることをも含めて、大切にしていることを行動指針としました。

《トシズ社長の十カ条》

一、社員とその家族を大切にします。
二、義理と人情を大切にします。
三、礼儀を重んじ笑顔で挨拶します。
四、感謝を忘れません。
五、利益が出たら還元します。
六、約束は守ります。

朝の奉仕作業

七、いつも笑顔で対応します。
八、公私混同致しません。
九、事務所トイレはいつもきれいにしておきます。
十、花壇をいつもきれいにしておきます。

沖本登志春

そして、社員を集めて「自分はまだまだ至らないけれど、日本一の社長になれるようがんばるよ」と宣言しました。十カ条には社員全員のサインが入っています。

トシズ従業員の十カ条

社長の十カ条と同じく、社員も十カ条を決めました。一つ一つがとても大切な日常の取り組みであり、基本的なことです。当たり前のことを当たり前のように徹底して行う尊さを社員はわかっているのです。

《トシズ従業員の十カ条》
一、挨拶は元気よく致します。
二、イライラ致しません。
三、現場でのお礼はしっかり言います。

四、言われたことはすぐに行動に移します。
五、掃除（後片付け）はしっかり致します。
六、工具を大切にします。
七、自分で仕事を抱え込みません。
八、お互いに協力しあいます。
九、トシズのファンをもっと増やします。
十、何事にもメリハリをつけます。

ここにも全社員のサインが書かれています。

会社はチームプレイが重んじられます。強いチームを作るためには、個人の感情よりもチームのために尽くすことが重んじられます。自分の感情が出てきてしまうと会社として大切にしなければならないものが大切にされなくなってしまうからです。そのための十カ条なのです。

計画、実行、チェック、カイゼンのサイクルを回すために

トシズでは経営理念や十カ条を実現するために、計画、実行、チェック、カイゼンのサイクル（ＰＤＣＡサイクル）を回そうと努力しています。多くの会社でもこのサ

イクルを回すことに苦戦していますが、トシズも例外ではなく大変苦労をしています。

ＰＤＣＡサイクルは会社を良くする（仕事の質を高め、社員のやりがいと待遇の向上につなげる）ために回すものであるというそもそもの目的を明確にして、共有しないとすぐに形骸化してしまうのです。世界のトップ企業であるトヨタ自動車においても「（仕事の質を高めるために）今のやり方を疑う」ことが社風として定着しており、ＰＤＣＡサイクルが徹底して回されています。逆に言えば「どんなにベストなやり方でもすぐに問題点が発生するため、常によりよくしてくべきだ」という考え方（危機感）がないとＰＤＣＡサイクルは回らないのです。その結果、会社は何も変わらないまま時間だけが過ぎていくのです。

トシズも「どんなにいい状態でも問題点は必ず発生する」という原理原則を常に忘れないように努めています。あるべき姿に近づくために、毎日経営理念と十カ条を振り返るのです。どんな人でも「問題点がないことがいいことだ」と思いがちですが、「自分には問題点がない。完璧だ」と思った瞬間、大抵の人は油断が生じて「自分を高める」ことをしなくなってしまいます。その結果、同業他社やライバルに追い抜かれていくのです。

沖本社長は10年程前の自身の苦い体験を思い出し、常に自分自身を厳しい目で見るように習慣づけを行いました。

たとえ問題点がクリアされたとしても、「さらに自分を高めていこう」とする意識を持ち、問題点を見つけてクリアしようと取り組むことが「あるべき姿」です。「問題点を発見してカイゼンすること」と「問題点を見つけようとせず（たとえ見つけたとしても）見て見ぬふりをすること」では1年経過する頃には雲泥の差が生じます。

ＰＤＣＡサイクルを一度でも回せば会社は良くなります。回らない要因は自分自身への甘さ、危機感の足りなさが個人の負の感情として作用するからです。

トシズでは「ＰＤＣＡサイクルを一人で回せなければ、みんなで集まって回していこうじゃないか」というかけ声のもとで、「場づくり」を実践しています。この場づくりは女性スタッフの間でも実践されています。トシズも女性スタッフが活躍する会社です。日頃の業務の中で、何となくわかった気にならないよう、前向きな意見を言える「場づくり」を実践しています。

それは、昼ご飯を食べる時に、テーマを決めてかつ批判厳禁で話をすることです。例えば、「今日は介護用品について」「明日はイベントについて」というようにテーマを決めてざっくばらんに話をすると、とても有意義な時間になることに気がついたのです。

新しいスタッフの大石さんは、とても前向きで明るい性格の人です。協力会社の方々ともすぐに打ち解け、現場監督ともいつの間にか仲良くなり、良い形で仕事が進みます。大石さんの魅力があふれています。間もなく大石さんの強みであるデザイン力が生かされる日が来ることでしょう。

現状維持という考えをやっつける

トシズの歩みは、社員が少しずつ成長し、その総和が会社の成長として表れた結果です。いい会社では、社員が常に成長することが求められます。いい会社はカイゼンを繰り返す（PDCAサイクルを回し続ける）ことが徹底されているからです。

私たちはついつい「現状維持」や「平凡でいい」という言葉を好みます。すると、自らを変えようとしなくなってしまうのです。変わらないままあっという間に1年が過ぎてしまいます。「変わらなくていい」と思ってしまうことが最も大きなリスクなのです。

自分たちが意識しようとしまいと同業他社も必死にがんばっています。同業他社がより良いサービスを提供しようと日々カイゼンを繰り返しているとしたら、現状維持の会社はたちまち追い抜かれてしまいます。さらに同業他社が先行していたら差は広がる一方です。その結果、お客さまを奪われ、売り上げが減り、利益も出なくなり、給料も下げざるを得ない状況になってしまうのです。変わらないことがいちばんのリスクなのです。トシズもその苦い経験をしました。

人は、同じやり方を何も疑わずに繰り返した方が楽であり、多くの方がそのやり方に疑問を持ちません。目の前にある仕事を全力でこなすことだけをがんばることだと思ってしまうのです。

面倒だなと思うことを見つけて、一つ一つカイゼンしてクリアしていくことが真にがんばることなのです。どんなにいい会社でも問題点は日々必ず発生します。問題点を放置すると会社はどんどん悪くなっていきます。

問題点を見つけて放置せずにカイゼンするから会社は良くなっていくのです。「このやり方で本当にいいのか、それで正しいか、常に考えること」です。

今日も利他の心でがんばるスタッフ

未来に向けて

トシズのこれまでの歩みは、人も企業もより良く変われることを示しています。その源にあるのは沖本社長が大切にしている利他の精神です。

より良く変わろうとすれば、小さな会社でも夢を追い、社員を大切にし、お客さまや地域に貢献し、大切にされる会社が構築できるのです。反対に「平凡でいい」「変わらなくていい」と思ってしまえば、そこで企業の成長も人の成長も止まってしまいます。それらのリスクと常に向き合うことが大事です。

そして、コミュニケーションの大切さ、傾聴のスキルの重要性についてプロレスを通じて考えているユニークな会社なのです。

来年度も楽しそうなイベントが予定されています。次回のイベントは、「水について真剣に考える」をテーマとして開催する予定のようです。

プロレスのリングの上に、市長や専門家を招いて健康でおいしい水や下水についてマイクパフォーマンスをしながら語り合える場をつくりたいと考えています。

また、沖本社長は「水玉タイガー」というマスクマンを名乗り、司会をしながらリングの上でパフォーマンスを繰り広げていくようです。会場には数百人のトシズファンが訪れることでしょう。

これからも経営理念の実現を目指して人を大切にする経営を実践し、地域の人たちのためになるよう、より良く変わることを目指し続けるでしょう。

地域の正義の味方「水玉タイガー」

いい会社はどんな企業でも、誰でも目指すことができる

企業で働く皆さんへ

以上、5社の「人を大切にするいい会社」を紹介しました。大切なのは「これなら自分たちでもできそうだ」と思っていただくことです。いい会社を自分たちで実現していこうとする気持ちこそが大切です。

「人は変わらない」のではなく、より良く変わることができます。企業もより良く変わろうとする人財によって変えていくことができるのです。そのためには、目的や「あるべき姿」を常に明確にすることが求められます。「人を大切にするいい会社」というのは、人としての本質を踏み外さずに常に変化・前進をしています。

人としての本質とは、「人として正しいか、正しくないか。自然か、不自然か」で判断されるということです。企業支援の現場にいると、おかしいものはおかしいと言えない組織になってしまっている会社がいかに多いかわかります。組織もベースになるのは、人として正しい行動であることが大前提です。

そして、いい会社こそ常に問題点が数多く出てきます。気づきの力が高い「人財」が自ら積極的に問題点を見つけようとするからです。問題点をカイゼンするからこそお客さまのためによりいい商品・サービスを提供できるのです。社内にある問題点も気づいてカイゼンするからこそいい会社になっていくのです。

それにより「褒められ、必要とされ、役に立っている」ことが社内からも社外からも感じられ、やりがいとなります。その絶え間ない取り組みが社風となって定着し、「大変だけど楽しい」と感じられる仕事につながっているのです。もちろん、待遇面も高まっていきます。

反対に、問題点に気がつかなかったり、見て見ぬふりをすることが横行したりしている会社であるならば、まず他責せず、自分から変えていきましょう。その原因をなぜなぜと考え、追求することです。きっと会社の問題も、自分自身の問題も両方出てくることでしょう。そして、自分に何ができるかを考えることです。決して人ごとではいい会社は実現できません。これまでの先入観や思考の癖にいかに邪魔されていたか気がつくことができれば、あとは「あるべき姿」に向かって行動あるのみです。

ぜひともいい会社を増やして、明るい静岡を実現できればと願っております。人はより良く変わることができます。企業もより良く変わることができます。

行政の皆さんへ

本書で紹介した会社は大手企業や行政機関ほどの制度は整っておりません。しかし、働いている社員は大きなやりがいを感じています。

行政の皆さんは、社員のための制度を整えることがいい会社への近道だと思われるかもしれませんが、決してそうではありません。大切なのは、制度ではなく、制度が機能する社風なのです。制度が機能する組織風土・社風を作るように進めない限り、せっかくの制度も「絵に描いた餅」で終わってしまいます。

そのためには社員の方も仕事の本質を考え、人ごと感、やらされ感なく仕事に取り組むことが求められるのです。

制度面について中小企業目線でみると、行政機関で働いている皆さんは大変恵まれています。しかし、なぜこうもやりがいを感じられない方が多いのでしょうか。行政で働いている人は一人一人が素晴らしく、尊敬すべき方も多くいます。しかし、それが生かされていない組織になっています。

県民、市民を見ているようで見ていません。県民や市民からのクレームを恐れるばかり、仕事の本質が失われているような気がしてなりません。大切なのは、クレームが出ない仕事をすることではなく、そもそもの行政の仕事の目的と想いを行動にぶつけることだと思います。なぜなら、それが県民や市民の真のニーズだからです。言ってみれば、行政らしくない仕事をすることが県民や市民のニーズにいちばん応えることだと思います。

仕事の本質とは、仕事は必ず誰かの役に立っているということです。行政の皆さんにとっては、その誰かとは、県民であり、市民です。県民、市民から役に立っていることが実感できる仕組みをつくるべきなのです。クレームは成功の元となります。

それは先入観やそれまでの思考の癖・習慣が邪魔をしているのです。それよりも、明るい将来をつくる方を優先するべきでしょう。

行政の皆さんは、そこに住んでいる人への究極のサービス提供者です。これは未来永劫変わることはありません。そして、働いている皆さんがやりがいを感じ幸せに働くことが、より質の高い行政サービスにつながるのです。

行政の皆さんも本書で紹介した企業にぜひ足を運んでみてください。県民、市民の圧倒的多数が働いている民間の企業で何が起きているか知ることは、自身の仕事のやりがいに必ず結びつくことでしょう。

人を大切にする本物のいい会社をサポートし、世の中に紹介するサポートをしてください。これが地方創生の結論であると思っています。

学生の皆さんへ

本書で紹介した5社は働く社員が大手企業以上のやりがいを感じられる会社です。前向きな方ならば、この本で紹介した企業で活躍できることでしょう。自分の能力・魅力を十分に発揮することで自分の人生の充実にもつながることでしょう。また、そうした会社を自分で見つけてみてもいいでしょう。

人は誰しも安定を求めたくなるものであり、学生の皆さんも安定志向が根強くあるかもしれません。しかし、人間は平坦なグラウンドをぐるぐる回るような人生を過ごすようにはできていません。どんな人でも振り返れば山あり谷ありです。

それが目前にあれば誰もが抵抗を示すと思いますが、それをプラスにとらえ、どんな山に登りたいか、「あるべき姿」を明確にすることからスタートしてみてもいいでしょう。その起伏が大きければ大きいほど、人としての魅力もあふれる人になっていると思います。ぜひ入社した会社で全力で仕事に取り組んでください。自分の魅力・能力を100%発揮できる人はどの会社でも大切に扱われるはずです。

変わらないことがいちばんのリスクであることを踏まえて挑戦してほしいと願って

います。

いい会社を知ってもらい、いい会社を増やしましょう

静岡にはまだまだ知られていないけれど人を大切にするいい会社があります。それらを見つけて世の中に知っていただくことが私たちの務めです。

同時に、「人を大切にするいい会社」を静岡県に増やしていくことも求められます。今皆さんが勤められている会社をよりいい会社に変えていきましょう。

いい会社ほど問題点が出てきます。それらに気づき、見て見ぬふりをしないでカイゼンすることができる人が人財であり、そうした人財を増やすことがいい会社づくりには必須です。

正しいことを正しいと言える会社。誰かの役に立つために誠実に働いた人が正当に評価される会社。そういった会社は誰でもつくることができるのです。克服しなければならないのは、無意識に「できない」と思ってしまう先入観や思考の癖です。

そのような会社が世の中に増えていくことがいい世の中づくりにつながると確信しています。人はより良く変われるし、会社もより良く変われます。

あとがき

企業支援の現場で日々生きている弊社にとって、本書のサブタイトルである「人も企業もより良く変われる」ことは最も大切な目標であり、達成すべきミッションであります。トヨタ自動車も、人も集まらない、機械もない、お金もない時代があり、危機感と前向きな気持ちを共有してより良く変わっていったのです。

しかし、より良く変わることに対して意識が弱い人が多いことも事実です。

企業支援の現場では未来工業や伊那食品工業、トヨタ自動車の事例を紹介することも多いですが、より良く変われない会社の社長や社員は決まって次のように言います。「それは未来工業さんだからできる」「伊那食品工業さんだからできる」「トヨタだからできる」と。

これは自分たちが変われないことに対して言い訳しているのです。

未来工業も伊那食品工業も今でこそホワイト企業ならぬパールホワイト企業として著名な会社ですが、初めから順風満帆な会社ではありませんでした。未来工業は六畳二間の借家で4人の社員とたった1台の射出成形機から、伊那食品工業は倒産寸前の赤字の会社を塚越会長が社長代行として任されてから、より良く変わっていったのです。

今回紹介した5社も、順風満帆な会社は一つもありません。失敗を繰り返し「このままではいけない」という危機感を共有しながら、一つ一つの問題点をカイゼンしていったのです。そしてその根本には「人を大切にする」ことが貫かれていました。

本書は経営者が「人を大切にする経営」の大切さに気づき、葛藤しながらも貫いてきた会社の物語です。一人一人のスタッフが「より良く変わろう」と努力してきた物語です。その総和がいい会社の実現に繋がっていったのです。

それらのより良くなっていったプロセスを見てほしいのです。

経営にも人生にも必ず危機があります。将来を見通した時、なるべく危機は回避したいと思うのが当然です。しかし、それを予期して完璧に準備できる人はごく一部です。多くの方にとっては危機的状況になった時こそ真の力が発揮されるのです。つまり、危機はより良く変わるチャンスなのです。

どんな人も一日24時間です。そしてどんな人も働ける時間に限りがあります。条件が同じである以上、誰でもいい会社を実現できるはずです。

人はそれが大切なことだと認識しながらも、ある時は自分を正しい人間だと思い込み、ある時は問題を見て見ぬふりをしてしまいます。結果ばかりを追いかけ、そのプロセスは軽んじられてしまいます。どうしても人はイメージで評価をしてしまいますが、一度定まった評価はなかなか払拭できません。

より良く変わろうとしないリーダーのもとで働く部下はかわいそうです。そういう社長のもとにいるスタッフは自分に備わる能力・魅力を最大限に発揮できるわけがありません。「何も変わっていない」と部下を酷評する社長もみてきました。これまで

そもそも仕事は必ず誰かの役に立っています。誰かというのは、社内の仲間、社外のお客さまや地域の人です。仕事のゴールは自分のためにではなく、誰かのためであるはずです。誰かに褒められ、必要とされ、役に立っていることが実感できた時にやりがいとなるのです。そのために常に自分を良く変えていくことが求められるのです。

本書はこれから第2弾、第3弾と出版していく予定です。一人でも多くの方に「人を大切にするいい会社をつくることは自分たちもできる」と実感してほしいからです。静岡だけでなく、全国にも展開していきたいと考えています。人を大切にするいい会社を増やし、世の中に知ってもらうことがいい世の中づくりにとても大切だと思っています。

本書の出版にあたり、実に多くの方に支えていただきました。このような機会を与えてくださった静岡新聞社の皆さん、ありがとうございました。

日頃からお世話になっているクライアント企業の社長とスタッフの皆さま、静岡県庁の皆さま、弊社に「あるべき姿」を示してくださる伊那食品工業塚越会長と井上社長、未来工業山田社長、でんかのヤマグチ山口社長、並びに各社社員の皆さま、弊社の顧問であり、いつも私を支えてくださっている坂本光司先生、石坂芳男トヨタ自動車顧問、小森治カイゼン・マイスター社長にはこの場を借りて改めてお礼申し上げます。

弊社スタッフもよくがんばってくれました。本当にありがとう。

人を大切にするいい会社が静岡に、そして全国に増えていくことを心より願っております。

株式会社リッチフィールド・ビジネスソリューション

代表取締役　富田哲弥

坂本光司（さかもと・こうじ）
法政大学大学院政策創造研究科教授。専門は中小企業経営論、地域経済論、福祉産業論。同大学院中小企業研究所所長ならびに静岡サテライトキャンパス長を兼務。人を大切にする経営学会会長、日本でいちばん大切にしたい会社大賞審査委員長。同時に、行財政改革審議会会長、NPO法人オールしずおかベストコミュニティ理事長など多くの公職を務める。現場主義を徹底して貫き、これまで7,500社以上の企業訪問、調査を行っている。著書は累計67万部のベストセラー『日本でいちばん大切にしたい会社』（あさ出版）をはじめ、『「日本でいちばん大切にしたい会社」がわかる100の指標』（朝日新書）、『強く生きたいと願う君へ』（WAVE出版）、『逆風を追い風に変えた企業』（静岡新聞社）等多数。

（株）リッチフィールド・ビジネスソリューション
人を大切にし、人をかけがえのない「人財」にする経営こそが企業に求められる「あるべき姿」であり「人も、会社も、より良く変われる」という信念のもと「働く人の幸せと支援先企業の永続を実現する」ために徹底した現場主義の企業支援を実践する経営コンサルタント会社。代表取締役富田哲弥は中小企業診断士、MBAの資格を持ち、公益財団法人静岡県産業振興財団登録専門家講師、静岡県中小企業労働施策アドバイザー等を歴任。根底には、顧問の坂本光司氏の『日本でいちばん大切にしたい会社』の経営学、トヨタ自動車顧問石坂芳男氏（元トヨタ自動車副社長）のトヨタ販売方式、カイゼン・マイスター社長小森治氏（元豪州トヨタ社長）のトヨタ生産方式の「人づくり」手法がある。5期連続赤字企業の立て直しをはじめ数々の成果を上げている。講演会やセミナーの実績も多数。
住所：〒420-0032静岡市葵区両替町1-7-1-204　電話・FAX：050-3410-8040
E-mail:otoiawase@richfield-bs.com

静岡発
人を大切にするいい会社見つけました

平成29年8月10日　初版発行
平成29年12月26日　第3刷発行

監修／坂本光司
企画・編集／株式会社リッチフィールド・ビジネスソリューション
発行者／大石　剛
発行所／静岡新聞社
〒422-8033　静岡市駿河区登呂3-1-1
電話054-284-1666　FAX 054-284-8924
印刷・製本／三松堂印刷
ISBN978-4-7838-2258-5 C0036